Pastasaucen

Die besten Rezepte

Armin Zogbaum

Pastasaucen

Die besten Rezepte

AT Verlag

2. Auflage 2003

AT Verlag, Aarau, Schweiz
Texte, Rezepte und Styling: Armin Zogbaum, Zürich
Fotos: Clara Tuma, Zürich
Lithos: AZ Grafische Betriebe AG, Aarau
Druck und Bindearbeiten: Stalling GmbH, Oldenburg
Printed in Germany

ISBN 3-85502-710-2

Inhalt

Pasta – Amore mio!

Dieses Buch ist eine Liebeserklärung an die Pasta. Ob nach einem anstrengenden Arbeitstag oder einer langen Wanderung, ein Teller mit duftender, dampfender Pasta weckt die Lebensgeister und bewirkt wahre Wunder. Verbinden sich doch damit die schönsten Erinnerungen an Essen mit Familie und Freunden, genauso wie an Reisen in ferne Länder, an Landschaften und Begegnungen.

Und da die Pasta einen Siegeszug rund um die Welt hinter sich hat, trifft man sie nicht nur in italienischen Restaurants, sondern genauso in Gourmettempeln und in asiatischen Garküchen an. Allerdings wird sich wohl nie endgültig klären lassen, wo dieser Siegeszug begann: Denn obwohl stolze Italiener sich ihrer Erfindung ganz sicher sind und heute nach wie vor die meisten Teigwaren verzehren, gibt es Quellen, die behaupten, dass Marco Polo die Pasta von ihren Erfindern, den Chinesen, mit in seine Heimat gebracht hat.

Darum enthält dieses Buch nicht nur mediterrane Pastasaucen, sondern auch exotisch inspirierte. Und da Pasta an sich ein gesunder Schlankmacher ist, habe ich ein Augenmerk darauf gelegt, dass auch die Saucen möglichst leicht und bekömmlich sind.

Die meisten Pastasaucen sind nach ihren Hauptzutaten in Kapitel eingeteilt: Gemüse, Käse, Fleisch, Geflügel, Fisch und Meeresfrüchte. Den Klassikern, exotischen Pastasaucen und Dessertsaucen zu süsser Pasta ist jeweils ein eigenes Kapitel gewidmet. Und weil die Liebe bekannterweise durch den Magen geht, sind auch einige «sughi d'amore», aphrodisische Liebessaucen, in diesem Buch enthalten.

Denn Pasta ist Liebe!
Armin Zogbaum

Pastasorten

In Italien gilt es als wahre Kunstform, aus mehreren hundert Pastasorten die «richtige» zur jeweiligen Sauce zu wählen. Doch dort wie hier ist die einzig «richtige» Wahl diejenige, die uns persönlich zusagt. Und das ist und bleibt immer eine emotionale Entscheidung, ganz nach dem Lustprinzip. Aus diesem Grund wurde bei den Saucenrezepten auf die Angabe einer Pastasorte verzichtet.

Allerdings lassen sich die ungezählten klassischen und modernen Pastasorten aus praktischen Gründen in zwei Kategorien einteilen:

Kategorie 1: Lange Pastasorten

Zu langer Pasta passen generell sehr feine Saucen ohne oder mit sehr kleinen Stückchen. Die breiten, langen Pastasorten wie Pappardelle können jedoch durchaus auch zu Saucen mit etwas gröberen Stückchen kombiniert werden.

Kategorie 2: Kurze, hohle oder geformte Pastasorten

Diese Pastasorten nehmen in ihren Öffnungen auch Saucen mit grösseren Stückchen oder Fleischwürfeln auf. Je kleiner die Stückchen, desto kleiner können die Öffnungen der Pasta sein und umgekehrt.

Fröhlich bunte Pastawelt

Farben machen aus dem grauen Alltag im Nu ein fröhliches Fest, auch auf dem Teller. Zwar gibt es farbige Pasta auch zu kaufen, doch so richtig bunt lässt es sich am besten mit selbst gemachten Teigen treiben. Mit wenig Aufwand lässt sich Pünktchenpasta, Streifenpasta oder Herzchenpasta herstellen. Und die schmecken dann obendrein auch noch am besten!

Zur Herstellung von «musterhafter» Pasta werden zwei bis drei frische farbige Pastateige benötigt, z.B. rosa, gelber und schwarzer. Teigreste können luftdicht in Klarsichtfolie verpackt problemlos bis zu 3 Monaten tiefgekühlt werden.

Gestreifte Pasta: Zwei farbige Pastateige dünn auswallen. Eine Teigplatte in Streifen schneiden und längs, diagonal oder quer auf der zweiten Teigplatte anordnen. Die Teigplatte mit Folie bedecken, wieder so dünn wie möglich auswallen und in beliebig breite Nudeln schneiden.

Pünktchenpasta: Eine Teigsorte dünn auswallen. Aus der zweiten kleine Kügelchen formen, auf der zweiten anordnen, mit Folie bedecken, wieder so dünn wie möglich auswallen und in beliebig breite Nudeln schneiden.

Herzchenpasta: Zwei farbige Pastateige dünn auswallen. Aus einer Teigplatte Herzchen, Tiere oder beliebige Formen ausstechen, auf der zweiten anordnen, mit Folie bedecken und wieder so dünn wie möglich auswallen. Die Teigplatten je nach Grösse der Muster in breite Bandnudeln (Pappardelle larghe) schneiden.

Kräuterpasta: Naturfarbenen Pastateig zu zwei gleich grossen Teigplatten auswallen. Eine Teigplatte mit Kräuterblättchen wie glatte Petersilie oder Kerbel belegen.
Die zweite Teigplatte darauf legen und so dünn auswallen, dass die Kräuter durch den Teig schimmern. Den Teig rund um die Kräuter in Quadrate oder breite Bandnudeln schneiden.

Mafaldine
Spaghettini
Jap. Udon-Nudeln
Fettuccelle

Pappardelle
Tagliolini
Fettuccine
Pappardelle larghe

Farfalloni
Casareccia
Senne Herzli
Fusilli bucati
Orecchiette del prete
Älpler Magronen

Gnocchetti sardi
Conchiglie rigate
Strozzapreti
Penne rigate
Edelweissli
Gnocchi

Grüner Pastateig

50 g Rucola oder Spinat, fein gehackt
1 EL Olivenöl
1 Ei
125 ml kaltes Wasser
350 g Hartweizendunst oder Teigwarenmehl

Gelber Pastateig

2 Brieflein Safranpulver
1 EL Olivenöl
1 Ei
150 ml kaltes Wasser
350 g Hartweizendunst oder Teigwarenmehl

Roter Pastateig

100 g Tomatenpüree
1 EL Olivenöl
1 Ei
100 ml kaltes Wasser
350 g Hartweizendunst oder Teigwarenmehl

Rosa Pastateig

150 g gekochte Randen (rote Beete)
1 EL Olivenöl
1 Ei
50 ml kaltes Wasser
350 g Hartweizendunst oder Teigwarenmehl

Brauner Pastateig

60 g Kakaopuder
1 EL Sonnenblumenöl
1 Ei
150 ml kaltes Wasser
300 g Hartweizendunst oder Teigwarenmehl

Schwarzer Pastateig

4 Brieflein schwarze Tintenfischtinte à 4 g
1 EL Olivenöl
1 Ei
150 ml kaltes Wasser
350 g Hartweizendunst oder Teigwarenmehl

Pastateig nature

1 EL Olivenöl
1 Ei
150 ml kaltes Wasser
350 g Hartweizendunst oder Teigwarenmehl

◆ Die jeweilige färbende Zutat mit Olivenöl, Ei und Wasser sehr fein pürieren und zum Hartweizendunst giessen.
◆ Zu einem geschmeidigen, glänzenden Teig kneten, in Klarsichtfolie wickeln und bei Zimmertemperatur etwa 30 Minuten ruhen lassen.
◆ Zum Auswallen den Teig in 4 gleich grosse Stücke schneiden, auf einer grosszügig mit Hartweizendunst bestreuten Arbeitsfläche auswallen und nach Belieben schneiden.
◆ Besonders einfach sind Bandnudeln. Dazu die Teigplatten gut bemehlen, von der breiten Seite her aufrollen und quer in schmale oder breite Nudeln schneiden.
◆ Die Nudelbänder sofort auseinander falten und bis zum Kochen auf einem bemehlten Küchentuch ausbreiten.

Teig für die Nudelmaschine

Der Nudelteig muss zur Verarbeitung mit einer Nudelmaschine fester sein. Aus diesem Grund den Teig mit 50 ml weniger Wasser oder wie beim rosa Nudelteig ganz ohne Wasser zubereiten.

Hartweizendunst, Teigwarenmehl

Dieses Mehl ist in Süddeutschland und Österreich meist unter der Bezeichnung doppelgriffiges Mehl oder Wiener Griessler erhältlich. In Norddeutschland wird es meist als Instant-Mehl gehandelt.

Es lässt sich durch 50 % Weissmehl (Type 405) und 50 % Hartweizengriess ersetzen.

Das 1 x 1 des perfekten Pastakochens

Pasta-Einkauf

Zahlreiche Konsumententests haben bewiesen, dass alle getrockneten Pastaprodukte, wie sie in Supermärkten erhältlich sind, durchwegs von guter Qualität sind. Das gilt für bekannte wie auch für unbekannte, günstige Marken. Die feinen Unterschiede hängen von der Qualität des verwendeten Weizens, des Wassers sowie von der Dauer des Trocknungsprozesses ab.

Allerdings gibt es einen grossen Unterschied zwischen guter und exzellenter getrockneter Pasta. Die besten Sorten werden von etwa einem Dutzend kleiner italienischer Firmen mit einem grossen Anteil an Handarbeit hergestellt und sehr langsam getrocknet. Zum Teil bauen diese Firmen zur Qualitätssicherung sogar ihren eigenen Weizen an. Natürlich hat solche auch geschmacklich herausragende Qualität ihren Preis.

Grosse Unterschiede gibt es auch bei frischer Pasta. Hat man keine Zeit, sie selbst zu fertigen, sollte sie nur in darauf spezialisierten Geschäften gekauft und am gleichen Tag gekocht werden. Der Versuchung, «frische» Pastaprodukte aus dem Supermarktkühlregal zu kaufen, sollte man besser widerstehen und stattdessen zu getrockneter Pasta greifen.

Portionsgrösse

Als Hauptgericht für 4 Personen rechnet man 500 g getrocknete Pasta oder 1 Rezeptmenge frische Pasta (siehe Seite 14).

Genug Wasser und Salz

Pro 100 g Pasta 1 Liter Wasser mit 2 Teelöffeln Salz zum Kochen bringen. Für 4 Personen also 5 Liter Wasser und 3⅓ Esslöffel Salz. Wem das sehr viel Salz erscheint, bedenke, dass das meiste Salz wieder weggeschüttet wird. Pasta, die ohne Salz gekocht wurde, schmeckt immer langweilig, egal wie salzig die Sauce ist.

Nur bei frischer Pasta Olivenöl ins Wasser

Olivenöl im Wasser verhindert das Zusammenkleben der Pasta, so die gängige Meinung. Bei getrockneter Pasta ist dies jedoch absolut unnötig; wird diese Pasta in genügend Wasser gekocht, verhindert bereits gelegentliches Umrühren ein Verkleben.

Bei frischer Pasta allerdings ist die Beigabe von wenig Olivenöl im Kochwasser sinnvoll. Das Öl verhindert übermässige Schaumbildung durch das an der Pasta haftende Mehl.

Pasta-Kochzeit

Der italienische Begriff «al dente» beschreibt den optimalen Kochzustand von Pasta und bedeutet «bissfest». Das heisst, die Pasta soll aussen weich sein, aber im Kern einen mit den Zähnen noch spürbaren, festen Widerstand haben.

Die genaue «al dente»-Kochzeit von Pasta lässt sich nur durch Probieren feststellen. Am besten kocht man die Pasta nach den Zeitangaben auf der Packung und probiert sie das erste Mal etwa 2 Minuten vor Ablauf dieser Zeit.

Frische Pasta ist sehr schnell gar. Sie benötigt nur eine Kochzeit zwischen 2 und 4 Minuten.

Abgiessen

Nichts ist schlimmer als verwässerte Pasta, sie sollte jedoch auch nicht trockengeschüttelt, sondern nur kurz abgetropft werden.

Einige Rezepte in diesem Buch verlangen sogar nach einer gewissen Menge an Pastakochwasser zum Verdünnen der Sauce. Es wird am einfachsten kurz vor dem Abgiessen abgeschöpft.

Damit das Abgiessen nicht zum Kraftakt wird, den Topfinhalt nur langsam ins Sieb kippen.

Nie kalt abschrecken

Gekochte Pasta nie kalt abschrecken. Sie wird dadurch unnötig ausgekühlt und glitschig.

Checkliste zum Pastakochen für viele Gäste

Pasta sollte immer sofort nach dem Kochen gegessen werden! Sie lässt sich also nicht wie die Sauce vorbereiten. Allerdings stellt das Pastakochen auch für eine grosse Anzahl Gäste keine sonderliche Herausforderung dar, wenn einige Grundregeln befolgt werden:

- Je nach Anzahl vorhandener Hitzequellen Pastasaucen bevorzugen, die nicht heiss serviert werden müssen, um genügend Herdplatten fürs Pastakochen frei zu halten.
- Für grosse Mengen möglichst leichte Töpfe benutzen.
- In einem genügend grossen Topf kann 1 kg Pasta auf einmal gekocht werden. Alles, was diese Menge übersteigt, muss auf mehrere Töpfe aufgeteilt werden.
- Schüsseln und Teller für die Pasta im Ofen bei etwa 50 Grad vorwärmen.
- Im Abguss ein grosses Sieb zum Abgiessen bereitstellen.
- Bei grossen Pastamengen das Kochwasser vor Eintreffen der Gäste aufsetzen (lange Aufkochzeit) und mit einem Deckel zugedeckt kurz vor dem Siedepunkt heiss halten. Aufkochen, die Pasta dazugeben und ohne Deckel garen.

Pastasaucen tiefkühlen und einmachen

Die meisten Pastasaucen in diesem Buch sind sehr schnell hergestellt und machen eine Vorratshaltung unnötig. Pastasaucen mit einem hohen Milchproduktanteil sind weder zum Einmachen noch zum Tiefkühlen gut geeignet, denn sie verlieren ihre Konsistenz.

Beim Ragù alla bolognese, das eine Kochzeit von 3 Stunden hat, ist jedoch eine Zubereitung auf Vorrat sehr sinnvoll. Und für Leute mit eigenem Gemüsegarten lohnt sich das Einmachen oder Einfrieren von Gemüse- und Kräutersaucen.

Allen anderen sei die Verwendung von eingemachten Tomaten aus Italien geraten. Es sollten nur in Tomatensaft eingemachte Tomaten für diese Rezepte verwendet werden. Tomaten in Tomatenmark oder Tomatensauce haben einen zu starken Eigengeschmack und sind nicht als Grundprodukt für eine Sauce geeignet.

Tiefkühlen

Dies ist die einfachste und schnellste Lagermethode. Genaue Hinweise, wie lange welche Lebensmittel haltbar sind, befinden sich meist als Aufkleber in ihrer Tiefkühltruhe oder in der Gebrauchsanweisung.

Auch Kräutersaucen wie Pesto lassen sich gut tiefkühlen. Sie müssen allerdings nach dem Auftauen schnell verbraucht werden, denn sonst verfärben sie sich.

Die Sauce in saubere Tiefkühlbehälter aus Kunststoff füllen, verschliessen, mit einer Inhaltsangabe und dem Herstellungsdatum beschriften und tiefkühlen.

Einmachen

◆ Die Einmachgläser vorbereiten: Dazu Gläser, Deckel und eventuelle Gummiringe gründlich waschen und in kochendem Wasser nachspülen.

◆ Die Gläser zum Einfüllen in ein etwa 80 Grad heisses Wasserbad stellen.

◆ Die kochend heisse Sauce einfüllen und sofort verschliessen. Glasdeckel mit Einmachklammern sichern.

◆ Die gefüllten Einmachgläser im Wasserbad langsam auskühlen lassen.

◆ Nach dem Erkalten die Deckel auf sicheren Sitz überprüfen. Dazu bei Glasdeckeln die Einmachklammern entfernen: Sitzt der Deckel auch ohne sie fest, hat sich das schützende Vakuum gebildet.

Metallschraubdeckel wölben sich in der Mitte leicht nach unten und sie lassen sich nicht leicht öffnen.

◆ Den Inhalt von Gläsern, die nicht perfekt geschlossen haben, nochmals aufkochen und erneut einmachen.

Einmachen in der Mikrowelle

◆ Die Einmachgläser vorbereiten: Dazu Gläser, Glasdeckel und Gummiringe gründlich waschen und in kochendem Wasser nachspülen.

◆ Die kochend heisse Sauce einfüllen, sofort verschliessen und die Glasdeckel mit für die Mikrowelle geeigneten Kunststoff-Einmachklammern sichern.

◆ Die Saucen bei höchster Mikrowellenleistung in der Mikrowelle nochmals aufkochen, herausnehmen, mit einem Handtuch bedecken und langsam auskühlen lassen.

◆ Nach dem Erkalten die Deckel auf sicheren Sitz überprüfen. Dazu bei Glasdeckeln die Einmachklammern entfernen: Sitzt der Deckel auch ohne sie fest, hat sich das schützende Vakuum gebildet.
◆ Den Inhalt von Gläsern, die nicht perfekt geschlossen haben, nochmals aufkochen und erneut einmachen.

Masseinheiten

Alle Rezepte in diesem Buch sind, wo nicht anders vermerkt, für 4 Personen berechnet. Lassen Sie sich nicht durch unterschiedliche Saucenmengen irritieren: Von manchen Pastasaucen braucht es nur wenig, während andere von suppenartiger Konsistenz sind. Diese Unterschiede sind gewollt und betonen den einzigartigen Charakter jedes Pastagerichtes.

ml	Milliliter; 100 ml = 10 cl = 1 dl
50 ml	entsprechen 3⅓ Esslöffeln
100 ml	entsprechen 6⅔ Esslöffeln
1 EL	entspricht 15 ml
1 TL	entspricht 5 ml

Alle Rezepte wurden mit genormten Masslöffeln getestet. Genormte Masslöffel sind in gut sortierten Haushaltsgeschäften und Warenhäusern erhältlich.

Salsa all'Alfredo

Rahmsauce mit Parmesan

250 ml Rahm (30% Fett)
4 EL Butter
150 g Parmesan, fein gerieben
1 Prise Muskatnuss
Meersalz, schwarzer Pfeffer aus der Mühle

◆ Rahm und Butter bei mittlerer Hitze etwa 5 Minuten einkochen lassen.
◆ Die Hälfte des Parmesans darunter rühren.
◆ Die Sauce mit frisch gekochter, heisser Pasta (klassisch: Fettuccine) mischen, mit Muskatnuss, Salz und Pfeffer abschmecken und anrichten.
◆ Den restlichen Parmesan darüber streuen und sofort servieren.

Tipp:

Die Pasta knapp al dente kochen. Sie gart in der heissen Sauce noch etwas nach.

Anmerkung:

Diese Sauce wurde erstmals im berühmten römischen Restaurant Alfredo alla Scrofa serviert und nach ihm benannt. Damals wurden zum Mischen mit den Fettuccine, um den üppig luxuriösen Charakter dieser Sauce zu betonen, goldene Löffel und Gabeln verwendet.

Pesto alla genovese

Basilikumpesto

60 g Basilikumblätter, grob geschnitten
6 EL Olivenöl extravergine
2 Knoblauchzehen, fein gehackt
2 EL Pinienkerne, geröstet, ausgekühlt
½ TL Meersalz
4 EL reifer Pecorino sardo oder Parmesan, fein gerieben
4 EL Pastakochwasser

◆ Die Basilikumblätter in einen Plastikbeutel geben und mit einem Wallholz kräftig quetschen.
◆ Zusammen mit Olivenöl, Knoblauch, Pinienkernen und Salz pürieren oder sehr fein hacken und mit dem Käse mischen.
◆ Kurz vor dem Servieren das Pastakochwasser unter den Pesto mischen.

Anmerkung:

Durch das Quetschen der Basilikumblätter wird dieser Pesto so unvergleichlich aromatisch. Es ahmt die klassische, sehr zeitaufwändige Zubereitungsweise im Mörser nach.

Variante Rucolapesto:

Basilikum durch die gleiche Menge Rucola ersetzen. Anstelle von Olivenöl 5 Esslöffel Sonnenblumenöl und 1 Esslöffel Haselnussöl verwenden und statt der Pinienkerne grob gehackte, geröstete Haselnüsse.

Salsa di pomodoro crudo
Rohe Tomatensauce

700 g reife Tomaten (z.B. Ramato, Peretti)
4 EL Olivenöl extravergine
1 Knoblauchzehe, fein gehackt
2 EL Basilikumblätter, fein gehackt
50 g schwarze, entsteinte Oliven, geviertelt
2 EL eingelegte Kapern, abgetropft
½ TL Meersalz
1 kräftige Prise schwarzer Pfeffer aus der Mühle

◆ Den Stielansatz der Tomaten herausschneiden. Die Tomaten etwa 20 Sekunden in kochendes Wasser legen, herausnehmen, kalt abspülen, häuten und quer halbieren.
◆ Die Kerne herausdrücken, das Fruchtfleisch fein würfeln, mit den restlichen Zutaten mischen und servieren.

Salsa di pomodoro cotta
Gekochte Tomatensauce

700 g reife Tomaten (z.B. Ramato, Peretti)
1 Zwiebel, fein gehackt
2 Knoblauchzehen, gepresst
3 EL Olivenöl extravergine
100 ml Rotwein
2 EL Basilikumblätter, grob gehackt
1 TL Zucker
Meersalz, schwarzer Pfeffer aus der Mühle

◆ Den Stielansatz der Tomaten herausschneiden. Die Tomaten etwa 20 Sekunden in kochendes Wasser legen, herausnehmen, kalt abspülen, häuten und würfeln.
◆ Zwiebel und Knoblauch im Olivenöl andünsten, mit dem Rotwein ablöschen und auf die Hälfte einkochen.
◆ Die gehackten Tomaten dazugeben und bei kleiner Hitze unter gelegentlichem Rühren 20 Minuten kochen.
◆ Den Basilikum darunter rühren und mit Zucker, Salz und Pfeffer abschmecken.

Tipp:
Frische Tomaten durch 800 g gehackte, geschälte Tomaten aus der Dose ersetzen.

Ragù alla bolognese
Bologneser Sauce

400 g Rindfleisch, vom Metzger zweimal maschinell geschnetzelt
2 EL Butter
2 EL Olivenöl extravergine
1 Zwiebel, fein gehackt
1 Stängel Stangensellerie, fein gewürfelt
1 Karotte, geschält, fein gewürfelt
250 ml Rotwein
200 ml Milch
800 g gehackte, geschälte Tomaten aus der Dose
3 EL Tomatenmark
1 Lorbeerblatt
1 TL getrocknete italienische Kräuter
2 TL Rosmarinnadeln, fein gehackt
1 Knoblauchzehe, gepresst
Meersalz, schwarzer Pfeffer aus der Mühle

◆ Das Rindfleisch in Butter und Öl anbraten.
◆ Zwiebel, Stangensellerie und Karotte dazugeben und kurz mitbraten.
◆ Mit dem Rotwein ablöschen und diesen fast vollständig einkochen lassen.
◆ Die Milch dazugiessen und fast vollständig einkochen lassen.
◆ Tomaten, Tomatenmark, Lorbeerblatt und italienische Kräuter beifügen.
◆ Das Ragout unter gelegentlichem Rühren bei kleinster Hitze 3 Stunden köcheln lassen.
◆ Das Lorbeerblatt entfernen und das Ragout mit Rosmarin, Knoblauch, Salz und Pfeffer abschmecken.

Schneller:

Das geschnetzelte Rindfleisch durch gehacktes Rindfleisch ersetzen und das Ragout dann nur 20 Minuten kochen.

Anmerkung:

Das volle Aroma entwickelt sich nur bei sehr langer Kochzeit.

Salsa all'arrabbiata

Scharfe Tomatensauce

700 g reife Tomaten (z.B. Ramato, Peretti)
1 Zwiebel, fein gehackt
4 Knoblauchzehen, gepresst
4 rote Peperoncini (scharfe Peperoni/Chili), entkernt, fein gehackt
4 EL Olivenöl extravergine
4 EL glatte Petersilie, grob gehackt
1 TL Zucker
Meersalz, Pfeffer aus der Mühle
100 g Parmesan oder reifer Pecorino sardo, fein gerieben

◆ Den Stielansatz der Tomaten herausschneiden. Die Tomaten etwa 20 Sekunden in kochendes Wasser legen, herausnehmen, kalt abspülen, häuten und würfeln.
◆ Die Zwiebel mit dem Knoblauch und den Peperoncini im Olivenöl andünsten.
◆ Die gehackten Tomaten dazugeben und bei kleiner Hitze unter gelegentlichem Rühren etwa 20 Minuten kochen.
◆ Die Petersilie darunter rühren und mit Zucker, Salz und Pfeffer abschmecken.
◆ Mit fein geriebenem Parmesan oder Pecorino servieren.

Tipp:

Frische Tomaten durch 800 g gehackte, geschälte Tomaten aus der Dose ersetzen.

Salsa alla carbonara

Käsesauce mit Speck und Eiern

200 g Pancetta (ersatzweise Speck), in 5 mm dicke Scheiben geschnitten
1 Zwiebel, fein gehackt
250 ml Halbrahm (25 % Fett)
1 TL Maisstärke
100 g Parmesan, fein gerieben
3 frische Freilandeier, verklopft
schwarzer Pfeffer aus der Mühle
1 Prise Muskatnuss

◆ Den Pancetta quer in 5 mm dicke Streifen schneiden und unter Rühren kräftig anbraten.
◆ Die Zwiebel dazugeben und kurz mitbraten.
◆ Den Rahm mit Maisstärke, Parmesan und Eiern verrühren, zum Speck geben und unter Rühren wärmen, bis die Sauce bindet.
◆ Die Sauce mit schwarzem Pfeffer und Muskatnuss abschmecken, mit frisch gekochter, heisser Pasta mischen und sofort servieren.

Anmerkung:

Die Maisstärke in diesem Rezept verhindert das Gerinnen der Eier, falls die Sauce aufkochen sollte. Geübte können darauf verzichten.

Salsa al gorgonzola
Gorgonzolasauce

150 g Gorgonzola, gewürfelt
50 g Parmesan, frisch gerieben
180 ml Halbrahm (25 % Fett)
100 ml Milch
1 EL Butter
Meersalz, schwarzer Pfeffer aus der Mühle
1 Prise Muskatnuss

◆ Den Gorgonzola mit Parmesan, Rahm, Milch und Butter unter Rühren aufkochen.
◆ Die Sauce mit Muskatnuss, Salz und Pfeffer abschmecken, mit frisch gekochter, heisser Pasta mischen, kurz ziehen lassen, servieren.

Tipp:
Die Pasta knapp al dente kochen. Sie gart in der heissen Sauce noch etwas nach.

Salsa alle vongole
Venusmuschelsauce

1 kg frische Venusmuscheln (Vongole)
3 Knoblauchzehen, fein gehackt
4 EL Olivenöl extravergine
150 ml trockener Weisswein
1 Prise Cayennepfeffer
1 reife Fleischtomate, fein gewürfelt
1 Bund glatte Petersilie, fein gehackt

◆ Die Venusmuscheln unter fliessendem kaltem Wasser gründlich waschen, offene Muscheln aussortieren (sie sind ungeniessbar).
◆ Den Knoblauch im Olivenöl andünsten.
◆ Weisswein, Cayennepfeffer und die Muscheln dazugeben, aufkochen und zugedeckt etwa 5 Minuten kochen lassen, bis die Muscheln sich geöffnet haben. Ungeöffnete Muscheln entfernen (ungeniessbar).
◆ Die Tomatenwürfel und Petersilie dazugeben, mit frisch gekochter, heisser Pasta mischen, kurz ziehen lassen und servieren.

Tipps:
Die Pasta knapp al dente kochen. Sie gart in der heissen Sauce noch etwas nach.
Frische Venusmuscheln (Vongole) durch 400 g Venusmuschelfleisch aus dem Glas ersetzen.
Frische Venusmuscheln durch die gleiche Menge frische Miesmuscheln (Cozze) ersetzen.

Salsa al limone e salmone
Zitronen-Lachs-Sauce

2 Frühlingszwiebeln
1 EL Butter
100 ml Milch
300 g Crème fraîche
1 EL Zitronenmelissenblättchen, fein gehackt
1 Zitrone, abgeriebene Schale und 1 EL Saft
Meersalz, schwarzer Pfeffer aus der Mühle
150 g Rauchlachs, in feinen Tranchen
einige Blättchen Zitronenmelisse zum Garnieren

◆ Die Frühlingszwiebeln mit den grünen Röhrchen in feine Ringe schneiden und in der Butter kurz andünsten.
◆ Milch, Crème fraîche, Zitronenmelisse, abgeriebene Zitronenschale und Saft dazugeben, aufkochen, von der Hitzequelle nehmen, mit Salz und Pfeffer abschmecken.
◆ Den Rauchlachs in etwa 1 cm breite Streifen schneiden, mit der Sauce unter die frisch gekochte, heisse Pasta mischen, anrichten und mit Zitronenmelissenblättchen garnieren.

Salsa al limone e salmone

Avocadosauce mit Crevetten

Für 2 Portionen

1 reife Avocado
1 Limette (Limone), abgeriebene Schale und Saft
150 ml Gemüsebouillon
2 Frühlingszwiebeln
1 EL Olivenöl extravergine
200 g gekochte, geschälte Crevetten (Garnelen)
Meersalz, einige Tropfen Tabasco

◆ Die Avocado längs halbieren und den Stein entfernen. Das Fruchtfleisch aus der Schale schaben und mit abgeriebener Limettenschale, -saft und Gemüsebouillon sehr fein pürieren.
◆ Die Frühlingszwiebeln mit den grünen Röhrchen in feine Ringe schneiden, im heissen Olivenöl kurz andünsten und das Avocadopüree dazugiessen.
◆ Die Crevetten beigeben, alles heiss werden lassen und mit Salz und Tabasco abschmecken.
◆ Die Sauce mit frisch gekochter, heisser Pasta mischen und sofort servieren.

Warum diese Sauce wirkt:

Avocado: Diese Frucht enthält viel Vitamin E, das Vitamin mit der stärksten Wirkung auf die sexuelle Vitalität. Die Frucht wurde von den Azteken benannt: Avocado heisst übersetzt «Hodensack».

Limonen, Limetten: sind reich an Vitamin C, Kalium, Phosphor, Eisen und Jod, alles Stoffe, die zu einem aktiven Liebesleben beitragen.

Frühlingszwiebeln: Zwiebeln wurden früher auch Moschus der Armen genannt. Auch sie zählen zu den Lebensmitteln mit einer sehr starken Wirkung auf die Sexualität und wurden sogar aus den Klosterküchen verbannt, um die im Zölibat lebenden Nonnen und Mönche nicht in Versuchung zu führen.

Crevetten, Garnelen: Meeresfrüchte haben das mineralstoffreichste Eiweiss und zählen darum zu den hoch erotisierenden Lebensmitteln.

Tabasco: Bringt «Pfeffer» ins Liebesleben!

Sauce aus gebackenen Liebesäpfeln

Für 2 Portionen

400 g reife Tomaten (z.B. Ramato, Peretti)
2 EL Olivenöl extravergine
1 Zwiebel, fein gehackt
1 Knoblauchzehe, fein gehackt
1 EL Basilikumblättchen, fein geschnitten
1 Prise Zucker
Meersalz, schwarzer Pfeffer aus der Mühle
80 g Doppelrahmfrischkäse (z.B. Philadelphia), in Würfeln
einige Basilikumblättchen zum Garnieren

◆ Den Stielansatz der Tomaten herausschneiden. Die Tomaten etwa 20 Sekunden in kochendes Wasser legen, herausnehmen, kalt abspülen, häuten und in dicke Scheiben schneiden.
◆ Ein beschichtetes Wähen- oder Kuchenblech mit 1 Esslöffel Olivenöl ausstreichen. Die Tomatenscheiben mit Zwiebel und Knoblauch darauf ausbreiten und in der Mitte des auf 180 Grad vorgeheizten Ofens 30 Minuten backen.
◆ Die Tomaten mit einer Gabel grob zerdrücken und in eine Schüssel geben.

Avocadosauce mit Crevetten

◆ Das restliche Olivenöl und den Basilikum dazugeben und die Sauce mit Zucker, Salz und schwarzem Pfeffer abschmecken.
◆ Mit frisch gekochter, heisser Pasta mischen, anrichten und mit Frischkäse und Basilikumblättchen bestreuen.

Warum diese Sauce wirkt:
Tomaten: Diese Frucht wird in Italien und Frankreich auch als Liebesapfel (Poma amoris, Pomme d'amour) bezeichnet und belebt unser Liebesleben mit einem Inhaltscocktail aus Kalium, Eisen und Phosphor.

Zwiebeln: Siehe Frühlingszwiebeln, Seite 29.

Knoblauch: Wäre nicht sein berüchtigter Geruch, würde dieses potente Gewächs sicher auch bei uns mehr als Liebesgewürz geachtet. Es ist zu empfehlen, dass immer beide Partner davon essen ...

Olivenöl: Die erste kalte Pressung der Oliven wird auch Jungfernöl genannt. In Griechenland gibt es den Brauch, am Morgen auf nüchternen Magen je 1 Esslöffel Olivenöl und Honig zu sich zu nehmen, um die Libido zu stärken.

Basilikum: Dieses Kraut gilt seit Urzeiten als Aphrodisiakum.

Frischkäse: In allen Kulturen steht diese erfrischende Käsegattung in der Gunst von Verliebten. Durch die vielen Vitamine und Mineralstoffe nährt Frischkäse sogar wissenschaftlich fundiert das Liebesleben.

Hummer alla bolognese
Für 2 Portionen

300 g reife Tomaten (z.B. Ramato, Peretti)
2 EL feine Karottenwürfelchen
2 EL feine Knollenselleriewürfelchen
1 Schalotte, fein gehackt
2 EL Butter
50 ml Vin santo (italienischer Süsswein)
1 tiefgekühlter Hummer, ca. 600 g, aufgetaut
Meersalz
1 Prise Cayennepfeffer

◆ Den Stielansatz der Tomaten herausschneiden. Die Tomaten etwa 20 Sekunden in kochendes Wasser legen, herausnehmen, kalt abspülen, häuten und quer halbieren.
◆ Die Kerne herausdrücken und das Fruchtfleisch fein würfeln.
◆ Die Karotten- und Selleriewürfelchen zusammen mit der Schalotte in der Butter andünsten, die Tomatenwürfel dazugeben, kurz mitdünsten, mit Vin santo ablöschen und von der Hitzequelle nehmen.
◆ Das Hummerfleisch ausbrechen, bis auf die Scheren fein würfeln, mit den Scheren in die Sauce geben und nur warm werden lassen.
◆ Mit Salz und Cayennepfeffer abschmecken und zu frisch gekochter, heisser Pasta servieren.

Warum diese Sauce wirkt:
Tomaten: Siehe Seite links.

Karotte: Das in der Karotte reichlich vorhandene Karotin ist die Vorstufe von Vitamin A. Dieses Vitamin steuert die Erregbarkeit des Nervensystems.

Sellerie: Neuste Forschungen haben ergeben, dass im Sellerie neben vielen wichtigen Mineralstoffen und Vitaminen auch hormonähnliche Substanzen enthalten sind.

Schalotten: Siehe Frühlingszwiebeln, Seite 29.

Butter: Durch ihren hohen Gehalt an Vitamin D zählt Butter in massvollen Dosen genossen ebenfalls zu den aphrodisischen Lebensmitteln.

Hummer: Siehe Crevetten, Garnelen, Seite 29.

Weisse Trüffelsauce

Für 2 Portionen

180 ml Halbrahm (25 % Fett)
1 Prise Muskatnuss
Meersalz
10–20 g weisse Trüffel, geputzt

◆ Den Rahm aufkochen und mit Salz und einer kleinen Prise Muskatnuss abschmecken.
◆ Die Sauce mit frisch gekochter, heisser Pasta mischen, anrichten und servieren.
◆ Am Tisch mit dem speziell feinen Trüffelhobel die rohe Trüffel über die Pasta hobeln.

Weisse Trüffel (Tuber magnatum pico): Die optimale Reife erreichen weisse Trüffel zwischen Oktober und Dezember. Sie sind in dieser Zeit frisch in Delikatessengeschäften und Lebensmittelabteilungen grosser Warenhäuser erhältlich oder auf den italienischen Trüffelmärkten, z.B. dem berühmtesten in Alba. Von eingemachten weissen Trüffeln ist abzuraten. Sie sind ihren Preis in keiner Weise wert.

Warum diese Sauce wirkt:

Trüffel: Diese knollenartigen Pilze haben ein himmlisches Aroma, von dem es heisst, es dufte nach Liebe. Trüffel gelten als das Aphrodisiakum schlechthin. Wissenschaftler konnten nachweisen, dass der Inhaltsstoff Testosterase, der sowohl Trüffelsuchhunde und Trüffelsuchschweine wie auch uns so betört, nahezu identisch mit dem männlichen Sexualhormon Testosteron ist.

Spargelsauce mit Morcheln

Für 2 Portionen

300 g weisse Spargeln
Meersalz
1 Prise Zucker
2 EL Butter
50 g frische Morcheln, gewaschen
1 Schalotte, fein gehackt
50 ml Weisswein
150 g Crème fraîche
schwarzer Pfeffer aus der Mühle
½ Bund Schnittlauch, fein geschnitten

◆ Die Spargeln schälen, frisch anschneiden und schräg in mundgerechte Stücke schneiden. In Salzwasser mit einer Prise Zucker sowie 1 Esslöffel Butter knapp weich garen und abgiessen.
◆ Die Morcheln mit der Schalotte in 1 Esslöffel Butter kurz andämpfen, mit dem Weisswein ablöschen und einkochen, bis alle Flüssigkeit verdunstet ist.
◆ Die Spargeln und die Crème fraîche dazugeben, alles wärmen und mit Salz und Pfeffer abschmecken.
◆ Die Sauce mit Schnittlauch bestreuen und zu frisch gekochter, heisser Pasta servieren.

Warum diese Sauce wirkt:

Spargeln: Dieses Gemüse gilt nicht zuletzt wegen seiner phallischen Form seit Jahrhunderten als anregend. Es enthält eine Reihe von wichtigen Vitaminen und Mineralstoffen sowie das den Harnblasentrakt stimulierende Asparagin.

Butter: Siehe Seite 32.

Morcheln: Die meisten Pilze haben eine phallische Form und werden in vielen Kulturen als Aphrodisiakum eingestuft. Wissenschaftlich lässt sich das allerdings nicht nachweisen.

Schalotten, Schnittlauch: Siehe Frühlingszwiebeln, Seite 29.

Rote Zwiebelsauce mit schwarzen Oliven

4–5 grosse rote Zwiebeln, ca. 400 g
1 EL Honig
2 EL Butter
4 EL Balsamicoessig
3 EL Olivenöl extravergine
50 g schwarze, entsteinte Oliven, geviertelt
1 EL frische Thymianblättchen, ersatzweise Majoranblättchen
4 EL glatte Petersilie, grob gehackt
4 EL Pastakochwasser
Meersalz
1 TL schwarzer Pfeffer, grob zerdrückt

◆ Die Zwiebeln in Streifen schneiden. Zusammen mit dem Honig in der Butter bei mittlerer Hitze unter ständigem Rühren etwa 10 Minuten weich dünsten und dabei leicht karamellisieren lassen.
◆ Von der Hitzequelle nehmen, Balsamicoessig, Olivenöl, Oliven, Thymian, Petersilie und das Pastakochwasser darunter mischen.
◆ Die Sauce mit Salz und grob zerdrücktem schwarzem Pfeffer abschmecken und mit frisch gekochter, heisser Pasta mischen.

Tipp:
Dieses Gericht lässt sich auch gut als Salat servieren oder als Reiseproviant mitnehmen: Die Pasta nach dem Kochen kalt abspülen, gut abtropfen lassen und mit der ausgekühlten Sauce mischen.

Gebackene Aubergine in gelber Peperonisauce mit Oregano

600 g Auberginen, ca. 2 Stück
2 TL Olivenöl
450 g gelbe Peperoni (Paprika), ca. 3 Schoten
1 Zwiebel, fein gehackt
1 Knoblauchzehe, gepresst
1 EL Olivenöl extravergine
100 ml Gemüsebouillon
150 g Crème fraîche
1 rote Peperoncini (scharfe Peperoni/Chili), entkernt, in feine Ringe geschnitten
1 EL Oreganoblättchen, grob gehackt
Meersalz

◆ Die Auberginen mit Olivenöl bepinseln, auf ein mit Backpapier belegtes Blech legen und in der Mitte des auf 200 Grad vorgeheizten Ofens 20 Minuten backen, bis die Haut schrumpelig und das Fruchtfleisch weich ist. Nach 10 Minuten Backzeit die Aubergine einmal wenden.
◆ Die Peperoni halbieren, entkernen und in kleine Stücke schneiden. Zusammen mit Zwiebel und Knoblauch im Olivenöl andünsten, die Gemüsebouillon dazugiessen und zugedeckt etwa 5 Minuten weich kochen.
◆ Die Crème fraîche dazugeben, alles sehr fein pürieren, durch ein feines Sieb giessen, die Rückstände gut ausdrücken und Peperoncini und Oregano unter die Sauce rühren.
◆ Die gebackene Aubergine aus dem Ofen nehmen und kurz abkühlen lassen. Den Stielansatz der Aubergine abschneiden und die Schale mit den Fingern abziehen. Das Fruchtfleisch in etwa 1 cm grosse Würfel schneiden und unter die Sauce rühren.
◆ Die Sauce mit Salz abschmecken und zu frisch gekochter, heisser Pasta servieren.

Gebackene Aubergine in gelber Peperonisauce mit Oregano

Zitronen-Petersilien-Pesto mit gebratenen Shiitake-Pilzen

500 g frische Shiitake-Pilze
6 EL Olivenöl extravergine
3 Knoblauchzehen, fein geschnitten
60 g glatte Petersilienblättchen, fein gehackt
2 Zitronen, abgeriebene Schale und 2 EL Saft
¾ TL Meersalz
4 EL Pastakochwasser
schwarzer Pfeffer aus der Mühle

◆ Die Stiele der Shiitake-Pilze frisch anschneiden. Grosse Pilze vierteln oder halbieren. Die Pilze in 2 Esslöffeln heissem Olivenöl etwa 2 Minuten unter Rühren anbraten.

◆ Den Knoblauch dazugeben, kurz mitbraten und die Pilze von der Hitzequelle nehmen.

◆ Die Petersilie mit dem restlichen Olivenöl, abgeriebener Zitronenschale, Zitronensaft und Pastakochwasser dazugeben.

◆ Die Sauce mit Salz und schwarzem Pfeffer abschmecken und mit frisch gekochter, heisser Pasta mischen.

Tipp:

Die Shiitake-Pilze durch Champignons ersetzen.

Leichte Kürbissauce mit Ingwer und gerösteten Kürbiskernen

6 EL Kürbiskerne
1 EL Sonnenblumenöl
250 g Kürbisfruchtfleisch (z.B. Muskatkürbis)
1 Zwiebel, fein gehackt
1 EL frischer Ingwer, fein gehackt
250 ml kräftige Gemüsebouillon
2 EL Korianderblättchen oder glatte Petersilie, grob gehackt
1 TL eingelegter grüner Pfeffer, grob gehackt
Meersalz

◆ Die Kürbiskerne im Öl knusprig rösten, herausnehmen und beiseite stellen.

◆ Das Kürbisfruchtfleisch in kleine Würfel schneiden. Zusammen mit Zwiebel und Ingwer im restlichen Öl kurz andünsten und mit Gemüsebouillon ablöschen.

◆ Alles zugedeckt etwa 10 Minuten weich kochen, dann sehr fein pürieren.

◆ Koriander und grünen Pfeffer darunter rühren.

◆ Die Sauce mit Salz abschmecken, mit frisch gekochter, heisser Pasta mischen, anrichten und mit gerösteten Kürbiskernen bestreuen.

Zitronen-Petersilien-Pesto mit gebratenen Shiitake-Pilzen

Erfrischende Zucchinisauce mit Minze

1 Zucchini, ca. 250 g
2 Stängel Stangensellerie, ohne Blätter
50 g schwarze, entsteinte Oliven, geviertelt
2 EL Pfefferminzblättchen, fein gehackt
1 Knoblauchzehe, fein gehackt
6 EL Olivenöl extravergine
½ Zitrone, abgeriebene Schale der halben und Saft der ganzen Zitrone
Meersalz, schwarzer Pfeffer aus der Mühle
100 g reifer Pecorino sardo, fein gehobelt oder gerieben

◆ Die Zucchini in etwa 4 cm lange, dünne Stifte schneiden. Den Stangensellerie schräg in feine Scheiben schneiden. Zusammen mit Oliven, Pfefferminze, Knoblauch, Olivenöl, Zitronenschale und Saft mischen und bei kleiner Hitze etwas wärmen.
◆ Die Sauce mit Salz und schwarzem Pfeffer abschmecken und mit frisch gekochter, heisser Pasta mischen.
◆ Mit fein gehobeltem oder geriebenem Pecorino servieren.

Löwenzahnsauce mit Gänseblümchen

100 g junge Löwenzahnblättchen, Stiele entfernt
100 ml kräftige Gemüsebouillon
180 ml Halbrahm (25 % Fett)
1 Teelöffel Maisstärke
½ Zitrone, abgeriebene Schale und 1 TL Saft
Meersalz, Pfeffer aus der Mühle
einige Gänseblümchenblüten und Blütenblätter zum Garnieren

◆ Die Löwenzahnblättchen fein schneiden, mit Gemüsebouillon aufkochen und sehr fein pürieren.
◆ Den Rahm mit der Maisstärke steif schlagen und bis zur Verwendung kalt stellen. Kurz vor dem Servieren das Löwenzahnpüree aufkochen, den geschlagenen Rahm darunter rühren und unter Rühren nochmals aufkochen.
◆ Mit Zitronenschale, Saft, Salz und Pfeffer abschmecken.
◆ Zu frisch gekochter, heisser Pasta servieren und nach Belieben mit Gänseblümchen garnieren.

Tipps:

Am feinsten lassen sich Kräuter und Gemüse im klassischen Bechermixer pürieren.

Die Löwenzahnblätter durch die gleiche Menge Blattspinat oder Rucola ersetzen.

Gänseblümchen:

Das Kochen mit diesen Blümchen hat Tradition: Als Kapern noch eine Luxuszutat waren, hat man sie oft durch eingelegte Gänseblümchenknospen ersetzt. Heute werden Gänseblümchen vorwiegend wegen ihrer dekorativen Wirkung unter Blattsalate gemischt und zum Garnieren verwendet.

Löwenzahnsauce mit Gänseblümchen

Haselnusspesto mit Rucola

50 g Haselnüsse, gehackt
2 Knoblauchzehen, fein gehackt
4 EL Sonnenblumenöl, kalt gepresst
2 EL Haselnussöl
½ TL Meersalz, wenig schwarzer Pfeffer aus der Mühle
200 g Rucola
4 EL Pastakochwasser
100 g reifer Pecorino sardo, fein gehobelt oder gerieben

◆ Die Haselnüsse ohne Öl unter Rühren goldbraun rösten und zum Auskühlen auf einen Teller geben.
◆ Die ausgekühlten Haselnüsse mit Knoblauch, Sonnenblumenöl, Haselnussöl, Meersalz und etwas schwarzem Pfeffer mischen und beiseite stellen.
◆ Den Rucola am Ende der Pastakochzeit mit ins Pastawasser geben, mit der Pasta mischen, bis er zusammengefallen ist, und sofort mit der Pasta abgiessen.
◆ Die frisch gekochte, heisse Pasta-Rucola-Mischung mit dem Haselnusspesto und Pastakochwasser mischen, anrichten und mit fein gehobeltem oder geriebenem Pecorino servieren.

Sauce mit gebackenem Fenchel, Kapern und Oliven

2 Fenchelknollen, ca. 400 g
2 rote Zwiebeln, in ca. 5 mm dicke Ringe geschnitten
5 EL Olivenöl extravergine
½ TL Meersalz
1 TL schwarzer Pfeffer, grob zerdrückt
3 EL eingelegte Kapern, abgetropft
50 g grüne, entsteinte Oliven, geviertelt
3 EL Balsamicoessig
4 EL Pastakochwasser
100 g reifer Pecorino sardo, fein gehobelt oder gerieben

◆ Die Fenchelknollen frisch anschneiden, die grünen Stängel entfernen. Das Fenchelkraut fein hacken und zugedeckt beiseite stellen. Die Knollen quer in etwa 5 mm dicke Scheiben schneiden. Zusammen mit den Zwiebelringen, 2 Esslöffeln Olivenöl und Salz mischen und auf einem mit Backpapier belegten Blech ausbreiten.
◆ In der Mitte des auf 200 Grad vorgeheizten Ofens 25 Minuten backen, dann in eine grosse vorgewärmte Servierschüssel geben.
◆ Das Fenchelgrün, das restliche Olivenöl, schwarzen Pfeffer, Kapern, Oliven, Balsamicoessig und Pastakochwasser dazugeben.
◆ Alles mit frisch gekochter, heisser Pasta mischen und mit fein gehobeltem oder geriebenem Pecorino servieren.

Asiatische Broccoli-Orangen-Sauce

500 g Broccoli, Stiele geschält
1 EL Sesamöl
1 EL Sesamsamen
3 Knoblauchzehen, fein geschnitten
2 rote Chili, entkernt, in feine Ringe geschnitten
3 EL Sojasauce
3 EL Sonnenblumenöl
1 Orange, abgeriebene Schale und Saft
2 Orangen, nur Saft
4 EL Pastakochwasser

◆ Vom Broccoli die Röschen abschneiden und die Stiele in feine Scheiben schneiden. In einer beschichteten Bratpfanne im Sesamöl unter Rühren etwa 2 Minuten braten.
◆ Sesamsamen, Knoblauch und Chili dazugeben und weitere 2 Minuten unter Rühren braten.
◆ Sojasauce, Sonnenblumenöl, Orangenschale, -saft und Pastakochwasser hinzufügen.
◆ Mit frisch gekochter, heisser Pasta mischen und mit Salz abschmecken.

Tipp:

Abgeriebene Orangenschale durch Orangenzesten ersetzen. Dazu die Orange mit einem Sparschäler dünn abschälen (ohne das Weisse) und in feine Streifen schneiden. Schneller und in einem Arbeitsgang geht dies mit einem Zestenreisser.

Aromatische Pilzsauce mit getrockneten Steinpilzen

400 g gemischte kleine Pilze, geputzt
20 g getrocknete Steinpilze
3 Schalotten, fein gehackt
1 Knoblauchzehe, gepresst
2 EL Olivenöl extravergine
150 ml trockener Weisswein
200 ml Gemüsebouillon
2 TL Thymianblättchen
4 EL glatte Petersilienblättchen, fein gehackt
Meersalz, schwarzer Pfeffer aus der Mühle
100 g Parmesan, fein gehobelt oder gerieben

◆ Die Pilze je nach Grösse halbieren oder vierteln und beiseite stellen.
◆ Die getrockneten Steinpilze in lauwarmem Wasser etwa 15 Minuten einweichen, abtropfen lassen und fein hacken. Zusammen mit den gemischten Pilzen, Schalotten und Knoblauch im Olivenöl andünsten.
◆ Mit dem Weisswein ablöschen und den Wein etwa auf die Hälfte einkochen lassen.
◆ Gemüsebouillon, Thymian und Petersilie dazugeben, aufkochen und mit Salz und Pfeffer abschmecken.
◆ Die Sauce mit frisch gekochter, heisser Pasta mischen, kurz ziehen lassen und anrichten.
◆ Mit fein gehobeltem oder geriebenem Parmesan servieren.

Tipp:

Frische Pilze nicht waschen, sondern Verunreinigungen nur mit einem Pinsel entfernen und die Stiele frisch anschneiden.

Nur bei aussergewöhnlich feuchten und sandigen Pilzen ist ein kurzes Abbrausen unter fliessendem kaltem Wasser angebracht. Anschliessend sofort zum Abtropfen auf Küchenpapier ausbreiten.

Mönchsbart in aromatisiertem Olivenöl

2 Bund Mönchsbart (Barba di frati)
4 Knoblauchzehen, fein geschnitten
1 rote Peperoncini (scharfe Peperoni/Chili), entkernt, fein gehackt
4 EL Olivenöl extravergine
½ TL Meersalz
4 EL Pastakochwasser
100 g reifer Pecorino sardo, fein gehobelt oder gerieben

◆ Die Wurzeln des Mönchsbarts abschneiden und die schnittlauchartigen Blätter gründlich waschen.
◆ Zusammen mit Knoblauch und Peperoncini im Olivenöl bei mittlerer Hitze etwa 3 Minuten unter Rühren weich dünsten, mit Salz würzen.
◆ Das Pastakochwasser zugiessen, mit frisch gekochter, heisser Pasta mischen, anrichten und mit fein gehobeltem oder geriebenem Pecorino servieren.

Mönchsbart:

Dieses italienische Gemüse mit schnittlauchartigen, festen Blättern erinnert geschmacklich an Spinat und von der Konsistenz an essbare Meeresalgen. Es ist frisch im späten Frühjahr und Frühsommer in italienischen Spezialitätengeschäften, in Lebensmittelabteilungen grosser Warenhäuser sowie auf dem Wochenmarkt erhältlich.

Sauce mit gebratenen Artischocken

600 g kleine Artischocken (ergibt gerüstet ca. 350 g)
6 EL Olivenöl extravergine
1 Peperoncini (scharfe Peperoni/Chili), entkernt, fein gehackt
2 Knoblauchzehen, fein gehackt
1 Zitrone, abgeriebene Schale und 2 EL Saft
50 g Rucola, fein gehackt
250 g Cherrytomaten (Kirschtomaten), halbiert
½ TL Meersalz
100 ml Pastakochwasser
100 g Parmesan, fein gehobelt oder gerieben

◆ Die äusseren, trockenen Blätter der Artischocken entfernen, die Blattspitzen etwas zurückschneiden und den Stielansatz frisch anschneiden. Die Artischocken der Länge nach vierteln.
◆ 2 Esslöffel Olivenöl in einer weiten Bratpfanne erhitzen und die Artischocken bei mittlerer Hitze unter gelegentlichem Wenden 10–15 Minuten weich braten.
◆ Peperoncini und Knoblauch dazugeben, kurz mitbraten und die Pfanne von der Hitzequelle nehmen.
◆ Das restliche Olivenöl, Zitronenschale, -saft, Rucola und Cherrytomaten dazugeben und mit Salz abschmecken.
◆ Mit dem Pastakochwasser und frisch gekochter, heisser Pasta mischen, anrichten und mit fein gehobeltem oder geriebenem Parmesan servieren.

Tipp:

Frische Artischocken durch 350 g in Olivenöl eingelegte Artischockenherzen aus dem Glas ersetzen. Die Artischockenherzen gut abtropfen lassen, der Länge nach vierteln und nur kurz anbraten.

Sauce mit gebratenen Artischocken.

Mediterrane Sauce mit Seeteufel, Speck und Rosmarin

12 eingelegte sonnengedörrte Tomaten, abgetropft
80 g Rohessspeck (Bauernspeck), in feinen Scheiben
400 g Seeteufelfilet
⅓ TL Meersalz, schwarzer Pfeffer aus der Mühle
1 EL Rosmarinnadeln, fein gehackt
6 EL Olivenöl extravergine
1 TL schwarzer Pfeffer, grob zerdrückt
100 ml Pastakochwasser

◆ Die sonnengedörrten Tomaten in feine Streifen schneiden und beiseite stellen.
◆ Den Rohessspeck in Quadrate schneiden. In einer beschichteten Bratpfanne ohne Fett knusprig braten, herausnehmen und beiseite stellen.
◆ Das Seeteufelfilet in 5 mm dicke Scheiben schneiden, mit Salz, Pfeffer und Rosmarin würzen und im verbliebenen Speckfett beidseitig etwa 30 Sekunden anbraten.
◆ Die Pfanne von der Hitzequelle nehmen, die sonnengedörrten Tomaten, Schinken, Olivenöl, schwarzen Pfeffer und Pastakochwasser dazugeben.
◆ Alles vorsichtig mit frisch gekochter, heisser Pasta mischen und sofort servieren.

Tipp:

Seeteufel durch Seezungen- oder Rotzungenfilets ersetzen.

Anstelle von Rosmarin die gleiche Menge frische Thymianblättchen verwenden.

Frischer Thunfisch in provenzalischer Kräutersauce

600 g frisches Thunfischfilet (Sushi-Qualität)
6 EL Olivenöl extravergine
6 EL trockener Wermut (z.B. Noilly Prat)
2 EL Limettensaft (Limonensaft)
2 EL Worcestershiresauce
1 EL flüssiger Honig (z.B. Akazienhonig)
2 rote Peperoncini (scharfe Peperoni/Chili), entkernt, in feine Ringe geschnitten
3 Knoblauchzehen, gepresst
2 EL getrocknete Kräuter der Provence
50 g grüne, entsteinte Oliven, geviertelt
1 TL Meersalz
100 ml Pastakochwasser

◆ Das Fischfilet in etwa 1 cm grosse Würfel schneiden, mit allen anderen Zutaten mischen und zugedeckt im Kühlschrank möglichst einige Stunden, mindestens aber 30 Minuten ziehen lassen.
◆ Alles in eine weite, beschichtete Bratpfanne geben und bei mittlerer Hitze etwa 2 Minuten garen, bis die Fischwürfel innen noch roh, aber schon warm sind.
◆ Mit Pastakochwasser und frisch gekochter, heisser Pasta mischen und servieren.

Tipp:

Anstelle von Thunfisch frisches, gewürfeltes Schwertfischfilet oder ganze, geschälte Riesencrevetten verwenden. Die Garzeit um etwa 2 Minuten verlängern, denn Schwertfisch und Riesencrevetten sollten knapp durchgegart serviert werden.

Mediterrane Sauce mit Seeteufel, Speck und Rosmarin

Thunfisch in Orangenrahm mit Basilikum

2 Orangen
1 Bund Frühlingszwiebeln
2 EL Olivenöl extravergine
½ Orange, abgeriebene Schale
100 ml Orangensaft
180 ml Halbrahm (25 % Fett)
200 ml Milch
1 EL Maisstärke
400 g Thunfisch aus der Dose, in Öl eingelegt, gut abgetropft
4 EL Basilikum, grob gehackt
Meersalz
1 TL schwarzer Pfeffer, grob zerdrückt
einige kleine Basilikumblättchen zum Garnieren

◆ Die Orangen mit einem Messer schälen, die einzelnen Schnitze zwischen den weissen Häutchen herausschneiden und beiseite stellen.
◆ Die Frühlingszwiebeln mit den grünen Röhrchen in feine Ringe schneiden und in Olivenöl kurz andünsten.
◆ Abgeriebene Orangenschale und -saft dazugeben und fast vollständig einkochen lassen.
◆ Rahm und Milch mit der Maisstärke verrühren, unter Rühren dazugiessen und aufkochen.
◆ Den Basilikum unter die Sauce mischen und mit Salz und schwarzem Pfeffer abschmecken.
◆ Den Thunfisch in grobe Stücke zerpflücken. Zusammen mit den Orangenschnitzen und der Sauce unter die frisch gekochte, heisse Pasta mischen, anrichten und mit Basilikumblättchen garnieren.

Geräucherter Lachs in Whisky-Crème-fraîche

400 g geräuchertes Lachsfilet am Stück, ohne Haut
1 Schalotte, fein gehackt
1 EL Butter
200 g Crème fraîche
1 Bund Schnittlauch, fein geschnitten
2 EL Whisky
1 TL Zitronensaft
Meersalz
1 TL rosa Pfeffer, grob zerdrückt
100 ml Pastakochwasser

◆ Das Lachsfleisch in knapp 1 cm grosse Würfel schneiden.
◆ Die Schalotte in Butter glasig dünsten, die Lachswürfel dazugeben und einige Sekunden mitdünsten.
◆ Die Crème fraîche und die Hälfte des Schnittlauchs dazugeben, nur warm werden lassen.
◆ Mit Whisky, Zitronensaft, Salz und rosa Pfeffer abschmecken.
◆ Die Sauce mit Pastakochwasser und frisch gekochter, heisser Pasta mischen, anrichten, mit dem restlichen Schnittlauch bestreuen und sofort servieren.

Sepia in roher, scharfer Tomatensauce

400 g reife Tomaten (z.B. Ramato, Peretti)
400 g Sepia (daumengrosse Tintenfische)
3 Knoblauchzehen, fein geschnitten
4 rote Peperoncini (scharfe Peperoni/Chili), entkernt, fein gehackt
4 EL Olivenöl extravergine
1 EL glatte Petersilienblättchen, fein gehackt
50 g schwarze, entsteinte Oliven, geviertelt
4 EL Pastakochwasser
1 Meersalz

◆ Den Stielansatz der Tomaten herausschneiden. Die Tomaten etwa 20 Sekunden in kochendes Wasser legen, herausnehmen, kalt abspülen, häuten und quer halbieren. Die Kerne herausdrücken, das Fruchtfleisch fein würfeln und beiseite stellen.

◆ Die Sepia mit Knoblauch und Peperoncini im Olivenöl etwa 3 Minuten unter Rühren dünsten, bis sie knapp gar sind.
Mit den gewürfelten Tomaten, Petersilie, Oliven und dem Pastakochwasser mischen und mit Salz abschmecken.

◆ Zu frisch gekochter, heisser Pasta servieren.

Tipp:

Sepia z.B. durch Seppie (rundliche, mittelgrosse Tintenfische) oder Calamari (längliche, mittelgrosse Tintenfische) ersetzen. Beide Sorten zum Zubereiten in mundgerechte Stücke schneiden. Alle Tintenfische nur knapp garen, sonst werden sie zäh.

Jakobsmuscheln in Wodkaschaum

400 g ausgelöste Jakobsmuscheln
½ TL Meersalz, schwarzer Pfeffer aus der Mühle
1 EL Butter
1 EL Wodka

Sauce:
200 ml Fischfond, frisch oder aus dem Glas
4 EL Wodka
180 ml Halbrahm (25 % Fett)
2 Teelöffel Maisstärke
1 Zitrone, abgeriebene Schale und 2 TL Saft
2 TL Kerbelblättchen, fein gehackt
Meersalz, schwarzer Pfeffer aus der Mühle
4 EL Pastakochwasser
einige Kerbelblättchen zum Garnieren

◆ Die Muscheln mit Salz und Pfeffer würzen und in Butter sanft anbraten. Mit Wodka ablöschen, von der Hitzequelle nehmen und etwa 5 Minuten ziehen lassen. Warm stellen.
◆ Für die Sauce den Fischfond mit 2 Esslöffeln Wodka auf etwa 100 ml einkochen lassen.
◆ Den Rahm mit der Maisstärke steif schlagen.
◆ Kurz vor dem Servieren die Sauce aufkochen, den geschlagenen Rahm und den restlichen Wodka darunter rühren und unter Rühren nochmals aufkochen. Mit Zitronenschale, -saft, Salz, Pfeffer und Kerbelblättchen abschmecken.
◆ Mit dem Pastakochwasser unter frisch gekochte, heisse Pasta mischen. Die Muscheln darauf anrichten und mit Kerbelblättchen garnieren.

Tipps:
Wodka durch Tequila ersetzen.
Anstelle von Jakobsmuscheln rohe, geschälte Riesencrevetten verwenden.

Asiatische Riesencrevetten in Korianderpesto mit Mango

1 reife Mango, geschält
700 g rohe Riesencrevetten (Tiefseegarnelen), ca. 20 Stück
2 rote Chili, entkernt, fein gehackt
1 Limette (Limone), abgeriebene Schale und Saft
6 EL Olivenöl extravergine
½ TL Meersalz
50 g Korianderblättchen, ca. 3 Bund, fein gehackt
2 EL Kokosflocken
4 EL Pastakochwasser

◆ Das Mangofruchtfleisch vom Stein lösen und in 1 cm grosse Würfel schneiden. Zugedeckt beiseite stellen.
◆ Die Riesencrevetten bis auf die Schwanzflosse schälen, am Rücken der Länge nach leicht einschneiden und den Darm entfernen.
◆ Die Riesencrevetten mit Olivenöl, Chili, Limettenschale, -saft und Salz in eine weite beschichtete Bratpfanne geben und bei mittlerer Hitze etwa 5 Minuten unter gelegentlichem Wenden garen.
◆ Die Mangowürfel, den gehackten Koriander, Kokosflocken und Pastakochwasser hinzufügen.
◆ Alles mit frisch gekochter, heisser Pasta mischen und sofort servieren.

Tipp:
Die Riesencrevetten durch 600 g gekochte Shrimps ersetzen und im Olivenöl mit den restlichen Zutaten nur wärmen.

Kabeljau in erfrischender Peperonata

400 g Kabeljaufilet
⅓ TL Salz, schwarzer Pfeffer aus der Mühle
6 EL Olivenöl extravergine
2 rote, 1 gelbe und 1 grüne Peperoni (Paprika)
3 Knoblauchzehen, fein geschnitten
1 EL Thymianblättchen
2 EL weisser Balsamicoessig
100 ml Pastakochwasser

◆ Das Kabeljaufilet mit Salz und Pfeffer würzen und in 1 Esslöffel Olivenöl rundum etwa 5 Minuten braten, herausnehmen und beiseite stellen.
◆ Die Peperoni mit einem Sparschäler schälen, halbieren, entkernen und in etwa 1 cm grosse Quadrate schneiden.
◆ Das restliche Olivenöl erhitzen und den Knoblauch darin andünsten. Peperoni und Thymian dazugeben und unter Rühren etwa 5 Minuten weich dünsten.
◆ Die Peperonata mit Essig, Salz und schwarzem Pfeffer abschmecken.
◆ Das Kabeljaufilet in Stückchen zupfen, dazugeben und nur warm werden lassen. Mit dem Pastakochwasser mischen und zu frisch gekochter, heisser Pasta servieren.

Tipp:
Weissen Balsamicoessig durch dunklen ersetzen oder durch 2 Esslöffel Weissweinessig, angerührt mit 1 Teelöffel flüssigem Honig, z.B. Akazienhonig.

Asiatische Riesencrevetten in Korianderpesto mit Mango

Kabeljaubällchen in Estragon-Tomatensauce

400 g Kabeljaufilet, in Würfeln, kalt
100 ml Halbrahm (25 % Fett), kalt
¾ TL Meersalz, schwarzer Pfeffer aus der Mühle
1 Bund Schnittlauch, fein geschnitten
2 EL Butter

Sauce:
1 Schalotte, fein gehackt
1 TL Butter
400 g gehackte, geschälte Tomaten aus der Dose
2 EL Estragonblättchen, fein gehackt
150 g Crème fraîche
1 Prise Zucker
Meersalz, schwarzer Pfeffer aus der Mühle
4 EL Pastakochwasser

◆ Das eiskalte Kabeljaufilet mit Rahm, Salz und Pfeffer fein pürieren und mit dem Schnittlauch vermengen. Die Masse mit nassen Händen zu etwa walnussgrossen Bällchen formen. Portionenweise in Butter rundum 4 Minuten sanft braten und zugedeckt warm stellen.
◆ Für die Sauce die Schalotte in der Butter glasig dünsten, die Tomaten dazugeben und bei kleiner Hitze unter gelegentlichem Rühren etwa 10 Minuten kochen.
◆ Estragon und Crème fraîche darunter rühren und mit Zucker, Salz und Pfeffer abschmecken.
◆ Die Kabeljaubällchen und das Pastakochwasser unter die Sauce mischen.
◆ Alles heiss werden lassen und zu frisch gekochter, heisser Pasta servieren.

Tipp:
Kabeljau durch die gleiche Menge Lachsfilet ersetzen.

Eglifilets in Sauerampfersauce

400 g Eglifilets
⅓ TL Meersalz, schwarzer Pfeffer aus der Mühle
3 EL Butter für die Egli
1 Knoblauchzehe, gepresst
1 TL Butter
100 ml Weisswein
2 dl Gemüsebouillon, kalt
1 EL Maisstärke
180 ml Halbrahm (25 % Fett)
60 g Sauerampferblättchen, grob gehackt
Meersalz
1 TL eingelegter grüner Pfeffer, grob gehackt

◆ Die Eglifilets schräg in etwa 2 cm breite Streifen schneiden, mit Salz und schwarzem Pfeffer würzen und in der Butter 2 Minuten sanft braten. Herausnehmen und zugedeckt warm stellen.
◆ Den Knoblauch in Butter kurz andünsten, mit dem Weisswein ablöschen und diesen fast vollständig einkochen lassen.
◆ Die Gemüsebouillon mit der Maisstärke anrühren, zusammen mit dem Halbrahm dazugiessen und unter ständigem Rühren aufkochen.
◆ Den Sauerampfer dazugeben, alles sehr fein pürieren und mit Salz und grünem Pfeffer abschmecken.
◆ Die Eglifilets in die Sauce geben, kurz heiss werden lassen und zu frisch gekochter, heisser Pasta servieren.

Tipp:
Eglifilets durch die gleiche Menge Forellenfilets ersetzen.

Ingwer-Weisswein-Sauce mit gebratenen Kabeljau-Bäggli

600 g Kabeljaubäckchen
½ TL Meersalz, schwarzer Pfeffer aus der Mühle
2 EL Sonnenblumenöl
1 EL Butter
1 Schalotte, fein gehackt
200 ml trockener Weisswein
180 ml Rahm (25 % Fett)
100 ml Milch
1 EL Maisstärke
1 EL Ingwer, frisch gerieben
1 EL Zitronensaft
1 EL eingelegter grüner Pfeffer, grob gehackt
1 Bund Schnittlauch, fein geschnitten

◆ Die Kabeljabäckchen mit Salz und Pfeffer würzen. Portionenweise in einer grossen Bratpfanne im heissen Öl 2–3 Minuten unter Wenden braten, herausnehmen und zugedeckt warm stellen.
◆ Die Butter in der Pfanne zerlaufen lassen, die Schalotte zugeben, glasig dünsten, mit Weisswein ablöschen und den Wein fast vollständig einkochen lassen.
◆ Rahm, Milch und Maisstärke verrühren, dazugiessen und unter Rühren aufkochen. Die Sauce mit Ingwer, Zitronensaft, grünem Pfeffer und Salz abschmecken. Die Kabeljaubäckchen in die Sauce geben und kurz heiss werden lassen.
◆ Die Sauce mit frisch gekochter, heisser Pasta mischen, kurz ziehen lassen, anrichten und mit Schnittlauch bestreuen.

Tipps:

Die Pasta knapp al dente kochen. Sie gart in der heissen Sauce noch etwas nach.

Kabeljaubäckchen durch die gleiche Menge ausgelöster Jakobsmuscheln oder durch gross gewürfeltes Dorsch- oder Lachsfilet ersetzen.

Tomaten-Mozzarella-Sauce

300 g Büffelmozzarella, abgetropft
2 Knoblauchzehen, fein geschnitten
2 Peperoncini (scharfe Peperoni/Chili), entkernt, fein gehackt
4 EL Olivenöl extravergine
400 g gehackte, geschälte Tomaten aus der Dose
250 g gelbe Cherrytomaten (Kirschtomaten), halbiert
⅓ TL Zucker
Meersalz

◆ Den Mozzarella in kleine Würfel schneiden und beiseite stellen.
◆ Knoblauch und Peperoncini im Olivenöl kurz andünsten. Die gehackten Tomaten dazugeben und aufkochen.
◆ Die Cherrytomaten unter die Sauce rühren, von der Hitzequelle nehmen und mit Zucker und Salz abschmecken.
◆ Die Sauce mit dem Mozzarella mischen, zu frisch gekochter, heisser Pasta servieren.

Tipps:

Büffelmozzarella durch die gleiche Menge Mozzarellaperlen ersetzen.

Anstelle von gelben Cherrytomaten rote verwenden.

Büffelmozzarella:

Der echte Mozzarella gehört zu den ältesten Frischkäsesorten der Welt. Er wird seit Jahrhunderten in der italienischen Provinz Campania rund um Neapel aus der Milch von Wasserbüffeln hergestellt. Obwohl heutzutage aus Kostengründen der Grossteil des Mozzarella aus Kuhmilch gefertigt wird, gibt nur die Büffelmilch diesem Käse seinen echten, kräftig-sahnigen Geschmack und die saftige Konsistenz.

Pfeffrige Frischkäsesauce mit rührgebratenem Gemüse

1 Bund Frühlingszwiebeln
250 g Champignons
400 g Kefen (Zuckerschoten), quer halbiert
1 EL Butter
150 ml Weisswein
200 ml Gemüsebouillon
150 g Boursin mit schwarzem Pfeffer (französischer Doppelrahmfrischkäse)
Meersalz
1 Hand voll Rucolasprossen oder Kresse

◆ Das Grün der Frühlingszwiebeln in etwa 3 cm lange Stücke schneiden und die Zwiebeln der Länge nach vierteln.
◆ Die Champignons je nach Grösse halbieren oder vierteln.
◆ Die Kefen quer halbieren.
◆ Alle Gemüse in der Butter unter Rühren sanft anbraten, mit dem Weisswein ablöschen und diesen fast vollständig einkochen lassen.
◆ Die Gemüsebouillon mit dem Pfefferfrischkäse verrühren, dazugiessen, aufkochen und die Sauce mit Salz abschmecken.
◆ Die Sauce mit frisch gekochter, heisser Pasta mischen, kurz ziehen lassen, anrichten und mit Sprossen oder Kresse bestreuen.

Tipp:

Die Pasta knapp al dente kochen. Sie gart in der heissen Sauce noch etwas nach.

Tomaten-Mozzarella-Sauce

Viererlei-Käse-Sauce mit ofengedörrten Cherrytomaten

500 g Cherrytomaten (Kirschtomaten)
½ TL Meersalz
2 EL Mehl
2 EL Olivenöl extravergine
400 ml Milch, kalt
je 50 g Provolone, Fontina, Mascarpone, Parmesan
1 Prise Muskatnuss
½ TL schwarzer Pfeffer, grob zerdrückt

◆ Die Tomaten halbieren, entkernen und auf Haushaltpapier gut abtropfen lassen. Mit der Schnittfläche nach oben auf ein mit Backpapier belegtes Blech setzen, leicht salzen und in der Mitte des 100 Grad warmen Ofens 1 Stunde trocknen lassen.
◆ Das Mehl im Olivenöl kurz anschwitzen, ohne es bräunen zu lassen. Von der Hitzequelle nehmen und die kalte Milch auf einmal hinzugiessen, zurück auf den Herd stellen und unter ständigem Rühren aufkochen.
◆ Die Hitze zurückschalten und die Sauce etwa 10 Minuten leicht köcheln lassen. Dabei gelegentlich umrühren.
◆ Provolone, Fontina und Mascarpone in feine Würfel schneiden. Den Parmesan fein reiben.
◆ Die vier Käsesorten dazugeben und unter Rühren schmelzen. Die Sauce mit Salz, Muskatnuss und schwarzem Pfeffer abschmecken.
◆ Mit den gedörrten Cherrytomaten unter frisch gekochte, heisse Pasta mischen, kurz ziehen lassen und servieren.

Tipps:
Die Pasta knapp al dente kochen. Sie gart in der heissen Sauce noch etwas nach.

Die Cherrytomaten lassen sich gut im Voraus zubereiten und im Kühlschrank 4–5 Tage lagern.

Roquefortsauce mit Broccoli und gerösteten Mandeln

300 g Broccoli, Stiele geschält
Meersalz
50 g Mandelstifte
2 Schalotten, fein gehackt
1 EL Olivenöl extravergine
150 ml trockener Weisswein
180 ml Halbrahm (25 % Fett)
200 g Roquefort, gewürfelt
Meersalz, schwarzer Pfeffer aus der Mühle
4 EL Pastakochwasser

◆ Vom Broccoli die Röschen abschneiden, die Stiele in feine Scheiben schneiden und in Salzwasser etwa 2 Minuten bissfest kochen, abgiessen, gut abtropfen lassen und beiseite stellen.
◆ Die Mandeln ohne Fett unter Rühren goldgelb rösten, aus der Pfanne nehmen und beiseite stellen.
◆ Die Schalotten im Olivenöl glasig dünsten, mit dem Weisswein ablöschen und diesen fast vollständig einkochen lassen.
◆ Rahm und Roquefort dazugeben, unter Rühren aufkochen und mit Salz und schwarzem Pfeffer abschmecken.
◆ Das Pastakochwasser und den Broccoli dazugeben und kurz warm werden lassen.
◆ Die Sauce mit frisch gekochter, heisser Pasta mischen, kurz ziehen lassen, anrichten-mit den gerösteten Mandelstiften bestreuen.

Tipp:
Die Pasta knapp al dente kochen. Sie gart in der heissen Sauce noch etwas nach.

Hüttenkäsesauce mit Basilikum und Cherrytomaten

1 Bund Frühlingszwiebeln
1 Knoblauchzehe, fein gehackt
2 EL Olivenöl extravergine
50 ml trockener Weisswein
100 ml Milch
1 TL gekörnte Gemüsebouillon
400 g Hüttenkäse
1 EL Basilikumblättchen, fein gehackt
schwarzer Pfeffer aus der Mühle
250 g Cherrytomaten (Kirschtomaten), halbiert
1 Hand voll Basilikumblättchen zum Garnieren

◆ Die Frühlingszwiebeln mit den grünen Röhrchen in feine Ringe schneiden. Zusammen mit dem Knoblauch im Olivenöl andünsten, mit dem Weisswein ablöschen und diesen fast vollständig einkochen lassen.
◆ Die Milch mit der Gemüsebouillon anrühren, dazugiessen und aufkochen.
◆ Den Hüttenkäse darunter mischen, die Sauce von der Hitzequelle nehmen und mit Basilikum und schwarzem Pfeffer würzen.
◆ Mit den Cherrytomaten unter frisch gekochte, heisse Pasta mischen, anrichten und mit Basilikumblättchen garnieren.

Tipp:

Die Sauce gleichzeitig mit der Pasta kochen. Die fertige Sauce von der Hitzequelle nehmen und sofort mit der heissen Pasta mischen. (Nicht warm halten, der Hüttenkäse schmilzt sonst.)

Ricotta-Parmesan-Sauce mit grünen Spargeln

500 g grüne Spargeln
2 Schalotten, fein gehackt
2 EL Olivenöl extravergine
250 ml Gemüsebouillon
250 g Ricotta, zerkrümelt
50 g Parmesan, frisch gerieben
schwarzer Pfeffer aus der Mühle

◆ Das holzige Ende der Spargeln grosszügig entfernen, die Spitzen abschneiden und längs halbieren. Die Spargelstangen in feine Rädchen schneiden.
◆ Die Spargeln zusammen mit den Schalotten im Olivenöl bei mittlerer Hitze etwa 5 Minuten unter Rühren weich dünsten.
◆ Gemüsebouillon, Ricotta und Parmesan dazugeben, mischen, heiss werden lassen und mit Pfeffer abschmecken.
◆ Die Sauce mit frisch gekochter, heisser Pasta mischen, kurz ziehen lassen und anrichten.

Tipps:

Die Pasta knapp al dente kochen. Sie gart in der heissen Sauce noch etwas nach.

Die Sauce lässt sich auch mit tiefgekühlten (vorgekochten) Spargeln zubereiten. Vor der Verwendung auftauen und nur kurz im Olivenöl dünsten.

Camembert-Champignon-Sauce mit Mais

100 g Champignons, geputzt
1 Schalotte, fein gehackt
1 EL Butter
2 EL Mehl
50 ml trockener Weisswein
350 ml Gemüsebouillon
200 g Camembert, klein gewürfelt
170 g Maiskörner aus der Dose, abgetropft
1 EL Thymianblättchen
Meersalz
1 Prise Cayennepfeffer

◆ Die Champignons grob hacken und zusammen mit der Schalotte in der Butter glasig dünsten.
◆ Das Mehl mit Weisswein und Gemüsebouillon verrühren, dazugiessen und unter Rühren aufkochen.
◆ Die Sauce bei kleiner Hitze etwa 10 Minuten köcheln lassen.
◆ Den Camembert dazugeben, fein pürieren, dann die Maiskörner und Thymianblättchen hinzufügen.
◆ Die Sauce mit Salz und Cayennepfeffer abschmecken.
◆ Mit frisch gekochter, heisser Pasta mischen, kurz ziehen lassen und anrichten.

Tipps:

Die Pasta knapp al dente kochen. Sie gart in der heissen Sauce noch etwas nach.

Frische Champignons nicht waschen, sondern Verunreinigungen nur mit einem Pinsel entfernen und die Stiele frisch anschneiden.

Zartbittere Ziegenfrischkäsesauce mit rotem Cicorino

80 g Rohessspeck (Bauernspeck), in dünnen Scheiben
400 g roter Cicorino (Radicchio)
200 ml Milch
200 ml Rindsbouillon
2 EL Mehl
150 g Ziegenfrischkäse

◆ Die Speckscheiben in etwa 1 cm breite Streifen schneiden, ohne Fettzugabe knusprig braten, herausnehmen und beiseite stellen.
◆ Den Cicorino in feine Streifen schneiden, einen Viertel davon beiseite stellen (er wird roh unter die Pasta gemischt).
◆ Den restlichen Cicorino im ausgelassenen Speckfett dünsten, bis er die rote Farbe verloren hat.
◆ Die Milch mit der Rindsbouillon und dem Mehl anrühren, dazugiessen, unter Rühren aufkochen und bei kleiner Hitze etwa 15 Minuten zugedeckt köcheln lassen.
◆ Die Sauce durch ein Sieb giessen und die Rückstände gut ausdrücken.
◆ Den Ziegenfrischkäse unter die Sauce rühren und mit Speck und rohem Cicorino unter frisch gekochte, heisse Pasta mischen. Sofort servieren.

Tipp:

Ziegenfrischkäse durch einen neutralen Doppelrahmfrischkäse wie Philadelphia ersetzen.

Zartbittere Ziegenfrischkäsesauce mit rotem Cicorino

Fontinasauce mit Salbei und Fave

200 g Fontina, ohne Rinde
1 Zwiebel, fein gehackt
1 EL Olivenöl extravergine
1 Knoblauchzehe, gepresst
1 EL Salbeiblätter, fein geschnitten
200 ml trockener Weisswein
200 ml Gemüsebouillon
1 EL Maisstärke
300 g ausgehülste Fave (Puffbohnen), entspricht ca. 1,2 kg in Hülsen
schwarzer Pfeffer aus der Mühle

Garnitur:
100 ml Olivenöl
1 Hand voll Salbeiblättchen

◆ Für die Garnitur das Olivenöl erhitzen, bis von einem Holzlöffel kleine Bläschen aufsteigen. Die Salbeiblättchen darin knusprig frittieren, herausnehmen, auf Küchenpapier abtropfen lassen und beiseite stellen.
◆ Den Fontina an der Röstiraffel reiben und beiseite stellen.
◆ Die Zwiebel im Olivenöl glasig dünsten. Knoblauch und Salbei dazugeben, kurz mitdünsten, mit dem Weisswein ablöschen und etwas einkochen lassen.
◆ Die Gemüsebouillon mit der Maisstärke verrühren, dazugiessen und unter Rühren aufkochen.
◆ Die Fave hinzufügen und etwa 5 Minuten kochen, bis sie weich sind.
◆ Den Fontina darunter rühren und die Sauce mit schwarzem Pfeffer abschmecken.
◆ Mit frisch gekochter, heisser Pasta mischen, anrichten und mit den frittierten Salbeiblättchen garnieren.

Tipp:
Fave durch 300 g Cocobohnen ersetzen: Von diesen die Enden kappen und in 2 cm lange Stücke schneiden. Wie die Fave kochen.

Mascarponesauce mit Stangensellerie und Baumnüssen

4 EL Baumnüsse (Walnüsse), grob gehackt
400 g Stangensellerie
2 EL Baumnussöl (Walnussöl)
5 TL Mehl
300 ml Gemüsebouillon, kalt
150 g Mascarpone
1 Prise Muskatnuss
schwarzer Pfeffer aus der Mühle

◆ Die Baumnüsse ohne Fett rösten, bis sie stark duften, beiseite stellen.
◆ Die Selleriestangen schräg in dünne Scheiben schneiden.
◆ Das Mehl im Baumnussöl kurz anschwitzen, ohne es bräunen zu lassen, und von der Hitzequelle nehmen. Die kalte Gemüsebouillon auf einmal dazugiessen, zurück auf den Herd stellen und unter ständigem Rühren aufkochen.
◆ Den Stangensellerie dazugeben, die Hitze zurückschalten und die Sauce etwa 10 Minuten leicht kochen lassen.
◆ Den Mascarpone hinzufügen und unter Rühren schmelzen. Die Sauce mit Muskatnuss und schwarzem Pfeffer abschmecken.
◆ Mit frisch gekochter, heisser Pasta mischen, kurz ziehen lassen, anrichten und mit den gerösteten Baumnüssen bestreuen.

Tipp:
Die Pasta knapp al dente kochen. Sie gart in der heissen Sauce noch etwas nach.

Fontinasauce mit Salbei und Fave

Schweizer Älpler-Käsesauce mit gebratenen Apfelschnitzen

Apfelschnitze:
4 Äpfel
2 EL Butter

Sauce:
250 g Schweizer Bergkäse ohne Rinde, ersatzweise Emmentaler
4 Zwiebeln, in Streifen geschnitten
2 EL Butter
150 ml Milch
180 ml Halbrahm (25 % Fett)
1 kräftige Prise Muskatnuss
Meersalz, schwarzer Pfeffer aus der Mühle
1 EL Majoranblättchen

◆ Die Äpfel in Schnitze schneiden, das Kerngehäuse entfernen. Die Apfelschnitze in Butter unter Rühren etwa 2 Minuten sanft weich braten und zugedeckt warm stellen.
◆ Den Käse fein reiben und beiseite stellen.
◆ Die Zwiebelstreifen in der Butter braun braten.
◆ Milch und Rahm dazugiessen, aufkochen, den Käse darunter rühren und die Pfanne von der Hitzequelle nehmen.
◆ Die Sauce mit Muskatnuss, Salz, schwarzem Pfeffer und Majoranblättchen abschmecken.
◆ Mit frisch gekochter, heisser Pasta mischen und mit den gebratenen Apfelschnitzen angerichtet servieren.

Tipp:

In der Schweiz wird diese Sauce mit gekochten Makkaroni oder Hörnli (Hörnchen) serviert.

Diese rustikale Schweizer Käsesauce wird in manchen Regionen zusätzlich mit 400 g etwa 1 cm grossen, gekochten Kartoffelwürfeln angereichert.

Pesto alla Siciliana

Roter Ricottapesto

75 g gedörrte, eingelegte Tomaten, abgetropft
230 g geschälte, gehackte Tomaten aus der Dose, abgetropft
4 EL Olivenöl extravergine
1 Knoblauchzehe, gepresst
50 g Baumnüsse (Walnüsse), fein gehackt
200 g Ricotta
2 EL Basilikumblättchen, fein gehackt
1 Prise Zucker
1 TL Meersalz, schwarzer Pfeffer aus der Mühle
4 EL Pastakochwasser
1 Hand voll kleine Basilikumblättchen

◆ Die gedörrten Tomaten mit den gehackten Tomaten, Olivenöl, Knoblauch und Baumnüssen sehr fein pürieren.
◆ Ricotta und Basilikum darunter mischen und mit Zucker, Salz und Pfeffer abschmecken.
◆ Den Pesto mit dem Pastakochwasser verrühren und unter frisch gekochte, heisse Pasta mischen, anrichten und mit einigen Basilikumblättchen garnieren.

Parmesan-Weisswein-Sauce mit Lauch

600 g gebleichter Lauch, geputzt
4 EL Olivenöl extravergine
350 ml trockener Weisswein
1 EL Maisstärke
3 EL glatte Petersilie, fein gehackt
200 g Parmesan, frisch gerieben
Meersalz, schwarzer Pfeffer aus der Mühle
50 g Parmesan, fein gehobelt

◆ Den Lauch schräg in etwa 1 cm breite Ringe schneiden, waschen und sehr gut abtropfen lassen.
◆ Das Olivenöl in einer grossen Bratpfanne erhitzen und den Lauch unter gelegentlichem Rühren 10 Minuten weich dünsten.
◆ Den Weisswein mit der Maisstärke verrühren, zugiessen und etwas einkochen lassen.
◆ Die Petersilie und den Parmesan unter die Sauce rühren und mit Salz und Pfeffer abschmecken.
◆ Die Sauce mit frisch gekochter, heisser Pasta mischen, anrichten, mit gehobeltem Parmesan bestreuen und sofort servieren.

Tipp:

Gebleichten Lauch durch 900 g grünen Lauch ersetzen. Die dunkelgrünen Blätter entfernen und nur den weissen und hellgrünen Teil des Lauchs für diese Sauce verwenden.

Rosmarin-Tomatensauce mit Salsiccia-Bällchen

400 g rohe Salsiccia, ersatzweise rohe Schweinsbratwürste
2 EL Olivenöl extravergine
2 Zwiebeln, fein gehackt
4 Knoblauchzehen, fein geschnitten
250 ml Rotwein
2 EL Rosmarin, fein gehackt
4 Lorbeerblätter
1 TL Honig
400 g gehackte, geschälte Tomaten aus der Dose
Meersalz, schwarzer Pfeffer aus der Mühle

◆ Die Würste in etwa 5 cm lange Stücke schneiden. Das Olivenöl in einer beschichteten Bratpfanne erhitzen. Aus dem Wurstdarm kirschgrosse Bällchen herausdrücken und im heissen Öl kräftig anbraten.
◆ Die Zwiebeln dazugeben und glasig dünsten. Den Knoblauch beifügen, kurz mitdünsten und mit dem Rotwein ablöschen. Rosmarin, Lorbeerblätter und Honig dazugeben und den Wein auf etwa die Hälfte einkochen lassen.
◆ Die Tomaten dazugeben und etwa 5 Minuten kochen.
◆ Die Lorbeerblätter entfernen und die Sauce mit Salz und Pfeffer abschmecken. Zu frisch gekochter, heisser Pasta servieren.

Salsiccia:

Diese rohe italienische Wurst wird in kurzen Ketten angeboten. Sie sind in italienischen Spezialitätengeschäften, Feinkostläden und in der Schweiz in jedem grösseren Supermarkt erhältlich.

Salamelle in scharfer Tomaten-Oliven-Sauce

600 g reife Tomaten (z.B. Ramato, Peretti)
300 g Salamelle, ersatzweise Chorizo
1 EL Olivenöl extravergine
1 Zwiebel, fein gehackt
4 Knoblauchzehe, gepresst
4 rote Peperoncini (scharfe Peperoni/Chili), entkernt, fein gehackt
2 Lorbeerblätter
1 TL Zucker
50 g schwarze, entsteinte Oliven, geviertelt
2 EL Oregano, grob gehackt
Meersalz

◆ Den Stielansatz der Tomaten herausschneiden. Die Tomaten etwa 20 Sekunden in kochendes Wasser legen, herausnehmen, kalt abspülen, häuten und würfeln.
◆ Die Wurst schälen, in etwa 3 mm dicke Scheiben schneiden und in einer beschichteten Bratpfanne im Olivenöl kräftig anbraten. Zwiebel, Knoblauch und Peperoncini dazugeben und kurz mitdünsten.
◆ Die gehackten Tomaten, Lorbeerblätter und Zucker dazugeben und bei mittlerer Hitze unter gelegentlichem Rühren etwa 15 Minuten kochen.
◆ Die Lorbeerblätter entfernen, Oliven und Oregano darunter rühren und mit Salz abschmecken.
◆ Zu frisch gekochter, heisser Pasta servieren.

Tipp:

Frische Tomaten durch 800 g gehackte, geschälte Tomaten aus der Dose ersetzen.

Salamelle in scharfer Tomaten-Oliven-Sauce

Asiatische Kokos-Zitronen-Sauce mit Hackbällchen

300 ml kräftige Gemüsebouillon
175 ml Kokosmilch
2 Knoblauchzehen, fein geschnitten
1 Zitrone, abgeriebene Schale und Saft
2 TL rote thailändische Currypaste
4 TL Maisstärke
200 g Erbsen, tiefgekühlt

Hackbällchen:
1 Scheibe Toastbrot
1 Frühlingszwiebel, mit den grünen Röhrchen in feine Ringe geschnitten
300 g Rindsgehacktes
1 Knoblauchzehe, gepresst
1 EL Korianderblättchen, fein gehackt
1 Eigelb (Freilandei)
1 TL rote thailändische Currypaste
¾ TL Meersalz

2 EL Sonnenblumenöl zum Braten
8 Halme chinesischer Schnittlauch (Schnittknoblauch) zum Garnieren

◆ Für die Sauce alle Zutaten mischen und unter Rühren aufkochen.
◆ Für die Hackbällchen das Toastbrot in etwas Wasser einweichen, gut ausdrücken und mit den restlichen Zutaten mischen.
◆ Aus der Fleischmasse mit nassen Händen kirschgrosse Bällchen formen. Portionenweise in einer beschichteten Bratpfanne im Sonnenblumenöl etwa 2 Minuten rundum braten und in die Sauce geben.
◆ Die Sauce mit Salz abschmecken, mit frisch gekochter, heisser Pasta mischen, anrichten und mit chinesischem Schnittlauch garnieren.

Tipp:
Die Pasta knapp al dente kochen. Sie gart in der heissen Sauce noch etwas nach.

Chinesischer Schnittlauch/Schnittknoblauch (Gay Choy Fa):
Dieser lange Schnittlauch mit kräftigem, knoblauchähnlichem Aroma ist in asiatischen Lebensmittelgeschäften und Lebensmittelabteilungen von grossen Warenhäusern erhältlich. Durch seine spitz zulaufenden Blütenknospen und kleinen weissen Blüten eignet er sich besonders auch als Garnitur. Ersatzweise ½ Bund Schnittlauch verwenden.

Asiatische Kokos-Zitronen-Sauce mit Hackbällchen

Chianti-Rindsragout mit Artischocken und Rosmarin

500 g Rindshuft (Rinderhüfte), in 1 cm grosse Würfel geschnitten

Marinade:
500 ml Rotwein (z.B. Chianti)
2 EL Rosmarin, fein gehackt
2 Knoblauchzehen, fein geschnitten

2 EL Olivenöl extravergine
2 rote Zwiebeln, halbiert, in Streifen geschnitten
2 EL Mehl
6 gedörrte Tomaten, in feine Streifen geschnitten
2 Lorbeerblätter
1 EL Honig
1 EL Balsamicoessig
Meersalz, schwarzer Pfeffer aus der Mühle
300 g Artischockenherzen aus dem Glas, abgetropft

◆ Das Fleisch mit allen Zutaten für die Marinade mischen und zugedeckt 12 Stunden kalt stellen.
◆ Das Fleisch in ein Sieb geben, gut abtropfen lassen und die Marinade beiseite stellen.
◆ Das Fleisch im Olivenöl kräftig anbraten. Die Zwiebeln dazugeben und unter Rühren kaffeebraun braten.
◆ Das Mehl mit der Marinade verrühren, dazugiessen und aufkochen.
◆ Die Lorbeerblätter und die gedörrten Tomaten dazugeben und alles zugedeckt bei kleiner Hitze etwa 35 Minuten schmoren lassen. Dabei gelegentlich umrühren.
◆ Die Lorbeerblätter entfernen und das Ragout mit Honig, Balsamicoessig, Salz und viel schwarzem Pfeffer abschmecken. Die Artischockenherzen vierteln, beifügen und warm werden lassen.
◆ Zu frisch gekochter Pasta servieren.

Mexikanische Chilisauce mit Mais

500 g Rindshuft (Rinderhüfte), in 1 cm grosse Würfel geschnitten
2 EL Maiskeimöl
1 Zwiebel, fein gehackt
3 Knoblauchzehen, gepresst
400 g gehackte, geschälte Tomaten aus der Dose
2 dl Rindsbouillon
⅓ TL Kreuzkümmelpulver
1 EL Majoranblättchen
1 EL getrocknete Chili, zerstossen
1 TL Paprikapulver, edelsüss
170 g Maiskörner aus der Dose, abgetropft
Meersalz

◆ Das Rindfleisch im heissen Öl kräftig anbraten. Die Zwiebel dazugeben und etwa 1 Minute mitbraten.
◆ Alle Zutaten bis auf Maiskörner und Salz dazugeben, aufkochen und bei kleiner Hitze zugedeckt 35 Minuten schmoren lassen. Dabei gelegentlich umrühren.
◆ Die Maiskörner dazugeben, die Sauce mit Salz abschmecken und zu frisch gekochter heisser Pasta servieren.

Tipp:
Die Maiskörner durch die gleiche Menge Kidneybohnen (rote Indianerbohnen) aus der Dose ersetzen.

Asiatisches Schweinsfilet mit Lauch und Austernpilzen

400 g Schweinsfilet, geschnetzelt
2 EL Sojasauce
1 TL Maisstärke
2 EL Sonnenblumenöl
250 g kleine Austernpilze oder grosse, geviertelt
50 g grüner Lauch, fein geschnitten

Sauce:
5 dl kräftige Gemüsebouillon, kalt
2 EL Maisstärke
50 ml Sojasauce
4 Knoblauchzehen, fein gehackt
3 EL Honig
50 g kandierter Ingwer, fein geschnitten

8 Halme chinesischer Schnittlauch (Schnittknoblauch) zum Garnieren

◆ Das Fleisch mit Sojasauce und Maisstärke mischen und etwa 10 Minuten marinieren. In einer beschichteten Bratpfanne in 1 EL Sonnenblumenöl kräftig anbraten, herausnehmen und beiseite stellen.
◆ Nochmals 1 EL Sonnenblumenöl in die Bratpfanne geben und die Austernpilze mit dem Lauch darin etwa 5 Minuten unter Rühren braten.
◆ Alle Zutaten für die Sauce miteinander verrühren, zum Gemüse giessen und aufkochen.
◆ Das Fleisch zurück in die Pfanne geben und nur noch wärmen.
◆ Den chinesischen Schnittlauch in etwa 2 cm lange Stücke schneiden.
◆ Die Sauce mit frisch gekochter, heisser Pasta mischen, kurz ziehen lassen, anrichten und mit chinesischem Schnittlauch garnieren.

Tipps:

Die Pasta knapp al dente kochen. Sie gart in der heissen Sauce noch etwas nach. Kandierter Ingwer ist bei den Asienprodukten im Supermarkt erhältlich.

Chinesischer Schnittlauch/Schnittknoblauch (Gay Choy Fa)

Siehe Seite 66, Asiatische Kokos-Zitronen-Sauce mit Hackbällchen.

Orientalische Lammsauce mit Pinienkernen

3 EL Pinienkerne
6 EL Olivenöl extravergine
2 Zwiebeln, fein gehackt
400 g gehacktes Lammfleisch
2 Knoblauchzehen, fein gehackt
1 TL gemahlener Bockshornklee, ersatzweise getrockneter Thymian
½ TL gemahlener Jamaikapfeffer (Piment)
5 EL glatte Petersilienblättchen, gehackt
2 EL Korianderblättchen, gehackt
1 Zitrone, abgeriebene Schale und 1 EL Saft
Meersalz
2 kräftige Prisen Cayennepfeffer
100 ml Pastakochwasser

◆ Die Pinienkerne in einer beschichten Bratpfanne ohne Öl unter Rühren goldbraun rösten, auf einen Teller geben und auskühlen lassen.
◆ 1 Esslöffel Olivenöl in die Bratpfanne geben und die Zwiebeln darin glasig dünsten.
◆ Hackfleisch, Knoblauch, Bockshornklee und Jamaikapfeffer hinzufügen und unter Rühren sehr kräftig anbraten.
◆ Das restliche Olivenöl, Petersilie, Koriander, Zitronenschale und -saft darunter rühren und mit Salz und Cayennepfeffer abschmecken.
◆ Die Sauce mit dem Pastakochwasser verrühren und unter frisch gekochte, heisse Pasta mischen, anrichten und mit den gerösteten Pinienkernen bestreuen.

Asiatisches Rindfleisch-Zimt-Ragout mit Blattspinat

600 g Rindshuft (Rinderhüfte), in 2 cm grosse Würfel geschnitten
3 EL Mehl
2 EL Sonnenblumenöl
2 Zimtstangen, ca. 5 cm lang
1 Sternanis
2 TL rote thailändische Currypaste
2 TL frischer Ingwer, fein gerieben
4 Knoblauchzehen, fein geschnitten
800 ml leichte Rindsbouillon
50 ml Sojasauce
1 Bund Frühlingszwiebeln
300 g Blattspinat, geputzt

◆ Das Rindfleisch mit dem Mehl mischen und in einer beschichteten Bratpfanne im heissen Sonnenblumenöl sehr kräftig anbraten.
◆ Sämtliche Gewürze bis und mit Knoblauch dazugeben und kurz mitbraten, mit Rindsbouillon und Sojasauce ablöschen, in einen Topf umfüllen und aufkochen. Zugedeckt 45 Minuten schmoren lassen.
◆ Die Frühlingszwiebeln mit den grünen Röhrchen in feine Ringe schneiden, zusammen mit dem Blattspinat dazugeben und kurz aufkochen. Die frisch gekochte, heisse Pasta darunter mischen, kurz ziehen lassen und anrichten.

Tipp:

Die Pasta knapp al dente kochen. Sie gart in der heissen Sauce noch etwas nach.

Asiatisches Rindfleisch-Zimt-Ragout mit Blattspinat

Schweinshacksauce mit Safran und Kräutern

300 g gehacktes Schweinefleisch
100 g Coppa, fein gehackt
2 EL Olivenöl extravergine
1 Zwiebel, fein gehackt
2 Knoblauchzehen, gepresst
1 rote Peperoncini (scharfe Peperoni/Chili), entkernt, fein gehackt
4 dl Gemüsebouillon
2 Briefchen Safranpulver
2 EL Basilikum, fein gehackt
3 EL glatte Petersilienblättchen, fein gehackt
1 EL Salbei, fein gehackt
Meersalz
1 Hand voll gemischte Kräuterblättchen zum Garnieren

◆ Das Hackfleisch mit der Coppa im heissen Olivenöl kräftig anbraten. Zwiebel, Knoblauch und Peperoncini dazugeben und kurz mitbraten.
◆ Mit der Gemüsebouillon ablöschen, den Safran hinzufügen und etwa 5 Minuten kochen lassen.
◆ Die Kräuter dazugeben und mit Salz abschmecken.
◆ Mit frisch gekochter, heisser Pasta mischen, anrichten und mit Kräuterblättchen garnieren.

Coppa:

Diese luftgetrocknete italienische Schinkenspezialität wird aus Schweinshals hergestellt. Coppa ist in italienischen Spezialitätengeschäften, Lebensmittelabteilungen grosser Warenhäuser und in der Schweiz im Supermarkt erhältlich. Sie kann durch Parma- oder Räucherschinken ersetzt werden.

Provenzalische Lammsauce

1 kleine Aubergine
1 kleine Zucchini
1 rote Peperoni (Paprika), entkernt
400 g Lammfilets
1/3 TL Meersalz, schwarzer Pfeffer aus der Mühle
2 EL Olivenöl extravergine
1 rote Zwiebel, grob gehackt
1 Knoblauchzehe, fein geschnitten
100 ml Rotwein
400 g gehackte, geschälte Tomaten aus der Dose
je 1 TL Rosmarin, Thymian, Oregano, fein gehackt
1 TL Honig

◆ Aubergine, Zucchini und Peperoni in 1 cm grosse Würfel schneiden.
◆ Die Lammfilets in etwa 1,5 cm dicke Scheiben schneiden und mit Salz und Pfeffer würzen. Im heissen Olivenöl 3 Minuten unter Rühren braten, herausnehmen und zugedeckt beiseite stellen.
◆ Die Gemüsewürfel mit Zwiebel und Knoblauch in die Pfanne geben, kurz anbraten und mit dem Rotwein ablöschen. Den Wein fast vollständig einkochen lassen.
◆ Die gehackten Tomaten und Kräuter dazugeben, 5 Minuten kochen lassen und mit Honig, Salz und Pfeffer abschmecken.
◆ Das Fleisch in die Sauce geben, nur noch warm werden lassen und zu frisch gekochter, heisser Pasta servieren.

Tipp:

Die Sauce zusätzlich mit 1 Teelöffel frischen oder getrockneten Lavendelblüten würzen.

Pikante Rotwein-Salami-Sauce mit Gemüse

2 EL Butter
2 EL Olivenöl extravergine
200 g Salami am Stück, fein gewürfelt
1 Zwiebel, fein gehackt
3 Knoblauchzehen, fein geschnitten
2 rote Peperoncini (scharfe Peperoni/Paprika)
2 Karotten, fein gewürfelt
3 Stangen Staudensellerie, fein geschnitten
1 rote Peperoni (Paprika), entkernt, fein gewürfelt
1 Lorbeerblatt
1 EL Thymianblättchen
1/2 l Rotwein (z.B. Merlot)
2 TL Maisstärke
1–2 TL Honig
2 TL Oreganoblättchen, gehackt
Meersalz
100 g reifer Pecorino sardo, fein gehobelt oder gerieben

◆ Butter und Olivenöl in einer Pfanne erhitzen und darin Salami, Zwiebel, Knoblauch, Peperoncini, Karotten, Staudensellerie und Peperoni bei mittlerer Hitze unter Rühren 5 Minuten dünsten.

◆ Das Lorbeerblatt und den Thymian hinzufügen.

◆ Den Rotwein mit Maisstärke anrühren, dazugiessen, unter Rühren aufkochen und auf etwa die Hälfte einkochen lassen.

◆ Die Sauce mit Honig, Oregano und Salz abschmecken und zu frisch gekochter, heisser Pasta servieren.

◆ Dazu fein gehobelten oder geriebenen Pecorino servieren.

Entenbrust in leichter Marsala-Gemüsesauce mit grünem Pfeffer

2 Entenbrüste, ca. 400 g
⅓ TL Meersalz, schwarzer Pfeffer aus der Mühle
1 EL Olivenöl extravergine
300 ml Rotwein
2 Schalotten, fein gehackt
1 Karotte, sehr fein gewürfelt
2 Stängel Stangensellerie, sehr fein gewürfelt
350 ml Geflügelbouillon
50 ml Marsala
2 EL Maisstärke
2 EL Butter, kalt, in kleinen Stückchen
1 EL grüner, eingelegter Pfeffer, grob gehackt
1 Hand voll Sellerieblättchen zum Garnieren

◆ Die Haut der Entenbrüste mit einem scharfen Messer rautenförmig einschneiden, ohne in das Fleisch zu schneiden, mit Salz und Pfeffer einreiben und mit Olivenöl bestreichen.
◆ Mit der Hautseite nach unten in eine kalte beschichtete Bratpfanne legen und bei mittlerer Hitze die Haut braun braten. Die Entenbrüste wenden und auf der Fleischseite ebenfalls braun braten. Herausnehmen, auf eine feuerfeste Platte geben und in der Mitte des auf 80 Grad vorgeheizten Ofens etwa 30 Minuten gar ziehen lassen.
◆ Das überschüssige Bratfett in der Pfanne mit Küchenpapier auftupfen, den Bratsatz mit dem Rotwein ablöschen und in einen kleinen Topf absieben.
◆ Die Schalotten, Karotten- und Selleriewürfelchen dazugeben und den Wein auf etwa die Hälfte einkochen lassen.
◆ Geflügelbouillon und Marsala mit der Maisstärke anrühren, unter Rühren dazugiessen und aufkochen.
◆ Die Butter unter die Sauce rühren und mit Salz und grünem Pfeffer abschmecken.
◆ Die Entenbrüste quer in hauchdünne Scheiben scheiden und in die Sauce geben.
◆ Mit frisch gekochter, heisser Pasta mischen, kurz ziehen lassen, anrichten und mit Sellerieblättchen garnieren.

Tipps:

Die Pasta knapp al dente kochen. Sie gart in der heissen Sauce noch etwas nach. Im Handel sind auch etwa 300 g schwere Entenbrüste erhältlich. Sie lassen sich genau gleich zubereiten, müssen aber im Ofen 45 Minuten gar ziehen.

Marsala durch Portwein ersetzen.

Marsala:

Dieser süsse und schwere Likörwein (18 Vol.-%) aus Moscato- und Malvasiertrauben kommt aus Sizilien und ist nach der gleichnamigen Stadt benannt. Sein Aroma harmoniert wunderbar mit dem des Entenfleisches.

Entenbrust in leichter Marsala-Gemüsesauce mit grünem Pfeffer

Gebratene Hühnerleber in würziger Merlotsauce mit Salbei

300 g Hühnerleber
50 g Pancetta ohne Schwarte, in feinen Scheiben
2 Knoblauchzehen, fein geschnitten
1 EL Salbei, fein geschnitten
2 EL Olivenöl extravergine
500 ml Rotwein (z.B. Merlot)
2 TL Maisstärke
1 Wacholderbeere, leicht gequetscht
1 Lorbeerblatt
1 EL Butter
1 TL Honig
Meersalz, schwarzer Pfeffer aus der Mühle

Garnitur:
100 ml Olivenöl
12–20 Salbeiblättchen

◆ Für die Garnitur das Olivenöl erhitzen, bis von einem Holzlöffel kleine Bläschen aufsteigen. Die Salbeiblättchen darin knusprig frittieren, herausnehmen, auf Küchenpapier abtropfen lassen und beiseite stellen.
◆ Die Hühnerleber in kleine Stücke, den Pancetta in etwa 5 mm breite Streifen schneiden. Zusammen mit Knoblauch und Salbei im heissen Olivenöl kurz anbraten. Herausnehmen und zugedeckt warm stellen.
◆ Den Rotwein mit der Maisstärke anrühren, den Bratsatz damit ablöschen und unter Rühren aufkochen. Wacholderbeere und Lorbeerblatt dazugeben und den Wein auf die Hälfte einkochen lassen. Die Sauce von der Hitzequelle nehmen.
◆ Wacholderbeere und Lorbeerblatt entfernen, die Butter darunter rühren, die Leber dazugeben und die Sauce mit Honig, Salz und Pfeffer abschmecken.
◆ Mit frisch gekochter, heisser Pasta mischen und mit knusprig frittierten Salbeiblättern garniert anrichten.

Tipp:
Die Hühnerleber durch die gleiche Menge Kalbsleber ersetzen.

Pancetta:
Diese italienische Speckspezialität (luftgetrockneter Schweinebauch) wird flach mit Schwarte sowie gerollt ohne Schwarte hergestellt. Pancetta ist in italienischen Spezialitätengeschäften, Lebensmittelabteilungen grosser Warenhäuser und in der Schweiz in grossen Supermärkten erhältlich. Er kann durch Parmaschinken oder Räucherspeck ersetzt werden.

Leichte Tomatensauce mit Rosmarin-Pouletfilets

300 g Minipouletfilets (Hühnerfilets)
1/3 TL Meersalz, schwarzer Pfeffer aus der Mühle
1 EL Rosmarinnadeln, fein gehackt
2 EL Olivenöl extravergine
1 EL Butter
1 Zwiebel, fein gehackt
2 Knoblauchzehen, gepresst
1 Rosmarinzweig
300 ml Rotwein (z.B. Merlot)
400 g gehackte, geschälte Tomaten aus der Dose
1 TL Zucker
50 g kleine, schwarze Oliven

◆ Die Minipouletfilets schräg in etwa 2 cm lange Stücke schneiden und mit Rosmarin, Salz und Pfeffer würzen.
◆ Olivenöl und Butter zusammen erhitzen und das Fleisch darin kräftig anbraten, herausnehmen und zugedeckt warm stellen.
◆ Zwiebel, Knoblauch und den Rosmarinzweig in die Fleischpfanne geben, kurz andünsten, mit dem Rotwein ablöschen und auf die Hälfte einkochen lassen.
◆ Die Tomaten dazugeben, kurz aufkochen, den Rosmarinzweig entfernen und die Sauce mit Zucker, Salz und schwarzem Pfeffer abschmecken.
◆ Die Oliven und das Pouletfleisch in die Sauce geben, kurz warm werden lassen und zu frisch gekochter, heisser Pasta servieren.

Tipp:

Minipouletfilets durch in 1 cm dicke Scheiben geschnittene Kaninchenrückenfilets ersetzen.

Pouletwürfel in Tomatenpesto

400 g Pouletbrüstchen (Hühnerbrüstchen)
1/3 TL Meersalz, schwarzer Pfeffer aus der Mühle
6 EL Olivenöl extravergine
150 g eingelegte, sonnengedörrte Tomaten, abgetropft
2 EL glatte Petersilienblättchen, fein gehackt
2 Knoblauchzehen, fein gehackt
2 EL Pistazien, grob gehackt
4 EL reifer Pecorino sardo oder Parmesan, fein gerieben
100 ml Pastakochwasser

◆ Die Pouletbrüstchen in etwa 1 cm grosse Würfel schneiden und mit Salz und Pfeffer würzen. In 1 Esslöffel heissem Olivenöl 2–3 Minuten rundum braten, herausnehmen und zugedeckt warm stellen.
◆ Die gedörrten Tomaten fein hacken und mit Petersilie, Knoblauch, Pistazien und dem restlichen Olivenöl mischen.
◆ Zusammen mit den Pouletwürfeln, dem Pastakochwasser und dem geriebenen Käse unter die frisch gekochte, heisse Pasta mischen.

Herbstliche Winzersauce mit Truthahn, Champignons und Trauben

400 g Truthahnbrust
⅓ TL Meersalz, schwarzer Pfeffer aus der Mühle
2 EL Sonnenblumenöl
1 Schalotte, fein gewürfelt
250 g Champignons, geviertelt
100 ml trockener Weisswein
150 ml Geflügelbouillon, kalt
4 TL Maisstärke
180 ml Halbrahm (25 % Fett)
1 EL Estragonblättchen, fein geschnitten
100 g kernlose Trauben, ganz oder halbiert
einige Estragonzweige zum Garnieren

◆ Die Truthahnbrust in etwa 1 cm grosse Würfel schneiden und mit Salz und Pfeffer würzen. Im heissen Sonnenblumenöl 2–3 Minuten rundum braten, herausnehmen und zugedeckt warm stellen.
◆ Die Schalotte und die Champignons in die Pfanne geben und unter Rühren kurz braten.
◆ Mit dem Weisswein ablöschen und die Flüssigkeit fast vollständig einkochen lassen.
◆ Die Geflügelbouillon mit der Maisstärke anrühren, zusammen mit dem Rahm unter Rühren dazugiessen und aufkochen.
◆ Die Sauce mit Estragon, Salz und Pfeffer abschmecken.
◆ Das Truthahnfleisch und die Trauben dazugeben und kurz warm werden lassen.
◆ Die Sauce zu frisch gekochter, heisser Pasta servieren und mit Estragonzweigen garnieren.

Herbstliche Winzersauce mit Truthahn, Champignons und Trauben

Pouletbällchen in Limetten-Crème-fraîche mit Basilikum

Pouletbällchen:
350 g Pouletbrüstchen (Hühnerbrüstchen), in Würfel geschnitten, kalt
100 ml Halbrahm (25 % Fett), kalt
¾ TL Meersalz, schwarzer Pfeffer aus der Mühle
1 Bund Schnittlauch, fein geschnitten
2 EL Butter

Sauce:
300 g Crème fraîche
100 ml Pastakochwasser
1 EL Basilikum, fein gehackt
1 Limette (Limone), abgeriebene Schale und Saft
Meersalz
1 TL rosa Pfeffer, leicht zerdrückt

einige Basilikumblättchen zum Garnieren

◆ Das kalte Pouletfleisch mit Rahm, Salz und Pfeffer fein pürieren und mit dem Schnittlauch vermengen. Die Masse mit nassen Händen zu kleinen Bällchen formen und portionenweise in der Butter rundum etwa 3 Minuten sanft braten. Herausnehmen und zugedeckt warm stellen.
◆ Für die Sauce die Crème fraîche und das Pastakochwasser in die Bratpfanne geben, verrühren und mit Basilikum, Limettenschale, -saft, Salz und rosa Pfeffer abschmecken.
◆ Die Pouletbällchen dazugeben.
◆ Die Sauce mit frisch gekochter, heisser Pasta mischen, anrichten und mit Basilikumblättchen garnieren.

Asiatisch rührgebratenes Poulet mit Krautstielen

400 g Pouletbrüstchen (Hühnerbrüstchen)
400 g Krautstiele (Mangold)
1 rote Peperoni (Paprika)
1 rote Zwiebel, in Streifen geschnitten
3 EL Sonnenblumenöl
100 ml Pastakochwasser

Marinade:
6 EL helle Sojasauce
2 EL trockener Sherry
3 Knoblauchzehen, fein geschnitten
3 EL frischer Ingwer, fein geschnitten
1 TL Honig

◆ Alle Zutaten zur Marinade miteinander verrühren.
◆ Die Pouletbrüstchen quer in 5 mm dicke Streifen schneiden, mit 3 Esslöffeln Marinade mischen und zugedeckt 15 Minuten marinieren.
◆ Die Krautstielblätter und Stängel getrennt in etwa 1 cm breite Streifen schneiden und beiseite stellen.
◆ Die Peperoni mit einem Sparschäler dünn schälen, halbieren, entkernen und in dünne Streifen schneiden.
◆ Einen Wok oder eine weite Bratpfanne stark erhitzen, das Öl hineingeben, das Pouletfleisch darin unter Rühren 2–3 Minuten braten, herausnehmen und beiseite stellen.
◆ Die Krautstielstängel, Peperoni- und Zwiebelstreifen dazugeben und unter Rühren etwa 3 Minuten braten.
◆ Die Krautstielblätter, die restliche Marinade und das Pastakochwasser dazugeben und kurz aufkochen.
◆ Mit dem Pouletfleisch unter frisch gekochte Pasta mischen.

Kokoscurrysauce mit Poulet und Papaya

1 reife Papaya
4 Pouletbrüstchen
1 Bund Frühlingszwiebeln
2 Knoblauchzehen, in feine Scheiben geschnitten
1 EL Sonnenblumenöl
175 ml Kokosmilch
300 ml Geflügelbouillon, kalt
1 EL Maisstärke
1 EL grüne thailändische Currypaste
2 TL Sojasauce
2 EL Limettensaft (Limonensaft)

◆ Die Papaya schälen, längs halbieren, entkernen, in Würfel schneiden und beiseite stellen.
◆ Die Pouletbrüstchen in etwa 1 cm grosse Würfel schneiden und beiseite stellen.
◆ Die Frühlingszwiebeln mit den grünen Röhrchen in feine Ringe schneiden und zusammen mit dem Knoblauch im Sonnenblumenöl kurz andünsten.
◆ Die restlichen Zutaten miteinander verrühren, hinzugiessen und aufkochen.
◆ Die Pouletwürfel in die Sauce geben und knapp unter dem Siedepunkt etwa 5 Minuten gar ziehen lassen.
◆ Die Sauce mit den Papayawürfeln unter frisch gekochte, heisse Pasta mischen, kurz ziehen lassen und anrichten.

Tipp:
Die Pasta knapp al dente kochen. Sie gart in der heissen Sauce noch etwas nach.

Denkt man an Pasta, kommen einem nicht gleich Schleckereien in den Sinn. Doch in den letzten Jahren haben süsse Pastagerichte die Dessert-Speisekarten erobert. Wie ihre «Vorfahren», die Mehlspeisen aus Österreich, werden getrocknete Teigwaren in gesüsstem und aromatisiertem Milchwasser zubereitet. Mit Früchten oder Fruchtsaucen kombiniert, sind sie erfrischend und sowohl in der kalten wie in der warmen Jahreszeit ein Genuss.

Pastakochen für Desserts

Grundrezept

140–160 g bunte oder einfarbige Pasta
1 ½ l Wasser
½ l Milch
150 g Zucker
2 Päckchen Vanillezucker oder 3 EL Zucker
1 EL Sonnenblumenöl

Die Pasta nach Packungsanleitung in Milchwasser mit Zucker und Vanillezucker etwas weicher als al dente kochen, abgiessen und anrichten.

Anmerkung:

Das Öl im Milchwasser verhindert eine starke Schaumbildung. Das Milchwasser sollte trotzdem nur leicht kochen, denn die Gefahr des Überkochens ist mit dieser Vorsichtsmassnahme nicht ganz gebannt.

Vanillesauce mit Himbeeren

200 ml Milch
100 ml Halbrahm (25 % Fett)
1 Freilandei
2 EL Zucker
2 TL Maisstärke
1 Vanillestängel, ausgekratztes Mark
250 g Himbeeren

◆ Alle Zutaten gründlich verrühren und unter ständigem Rühren aufkochen.
◆ Die Pasta (nach dem Grundrezept für Desserts links) kochen und mit Himbeeren gemischt anrichten.
◆ Die Vanillesauce darüber giessen und sofort servieren.

Tipp:

Die Vanillesauce gekühlt zu heisser Pasta servieren.

Vanillesauce mit Himbeeren

Hagebuttensauce

100 ml Apfelsaft
200 g Hagebuttenmark
2 TL Zitronensaft
wenig Zucker
einige ungespritzte Rosenblätter
zum Garnieren

◆ Den Apfelsaft mit dem Hagebuttenmark kurz aufkochen, mit Zitronensaft und Zucker abschmecken, auskühlen lassen und kalt stellen.
◆ Zu frisch gekochter süsser Pasta (nach dem Grundrezept für Desserts auf Seite 83) servieren.
◆ Zum Garnieren nach Belieben mit Rosenblättern bestreuen.

Hagebuttenmark:
Diese gesunde Spezialität ist im Herbst auf Gemüsemärkten und im Reformhaus erhältlich. In 100 g Wildrosenfrüchten (Hagebutten) sind je nach Reifegrad zwischen 1000 und 4000 mg Vitamin C enthalten. Zum Vergleich: In 100 g Orangen sind es nur etwa 50 mg Vitamin C.

Zwetschgensauce

400 g reife Zwetschgen
75 ml Wasser
4 EL Zucker
1 TL Zitronensaft
1 Prise Zimtpulver

◆ Die Zwetschgen entsteinen und mit Wasser, Zucker und Zitronensaft bei kleiner Hitze zugedeckt etwa 5 Minuten weich kochen.
◆ Anschliessend sehr fein pürieren, durch ein Sieb giessen, die Rückstände gut ausdrücken und die Sauce mit Zimt abschmecken.
◆ Zu frisch gekochter süsser Pasta (nach dem Grundrezept Seite 83) servieren.

Aprikosensauce

400 g reife Aprikosen
75 ml Wasser
4 EL Zucker
1 TL Zitronensaft
2 Tropfen Bittermandelaroma
2 EL Mandelblättchen zum Garnieren, geröstet

◆ Die Aprikosen entsteinen und mit Wasser, Zucker und Zitronensaft bei kleiner Hitze zugedeckt 5 Minuten weich kochen.
◆ Anschliessend sehr fein pürieren, durch ein Sieb giessen, die Rückstände gut ausdrücken und die Sauce mit Bittermandelaroma abschmecken.
◆ Zu frisch gekochter süsser Pasta (nach dem Grundrezept für Desserts auf Seite 83) servieren.
◆ Zum Garnieren nach Belieben mit gerösteten Mandelblättchen bestreuen.

Tipp:
Die Sauce mit Pfirsichen oder Nektarinen zubereiten.

Pistaziensauce

150 ml Milch
150 ml Halbrahm (25 % Fett)
1 Freilandei
2 EL Zucker
2 TL Maisstärke
50 g Pistazien, fein gehackt
1 TL Pistazienaroma

◆ Alle Zutaten gründlich verrühren und unter ständigem Rühren aufkochen.
◆ Zu frisch gekochter süsser Pasta (nach dem Grundrezept für Desserts auf Seite 83) servieren.

Tipp:
Die Pistaziensauce gekühlt zu heisser Pasta servieren.

Himbeersauce

500 g Himbeeren
80 g Puderzucker
2 TL Zitronensaft

◆ Die Himbeeren mit Puderzucker und Zitronensaft mischen und zugedeckt 20 Minuten marinieren.
◆ Alles sehr fein pürieren, durch ein Sieb giessen und die Rückstände gut ausdrücken.
◆ Die Himbeersauce zu frisch gekochter süsser Pasta (nach dem Grundrezept für Desserts auf Seite 83) servieren.

Tipp:
Nach Belieben die Pasta mit frischen Himbeeren oder Brombeeren mischen.

Schokoladen-Campari-Sauce mit Kirschen

100 g Zartbitterschokolade, fein gehackt
2 EL Milch
50 ml Campari Soda
200 g Kirschen

◆ Die Schokolade mit der Milch bei kleinster Hitze schmelzen und gut verrühren.
◆ Den Campari Soda dazugiessen, verrühren und auskühlen lassen.
◆ Die Kirschen halbieren und entsteinen, mit frisch gekochter süsser Pasta (nach dem Grundrezept für Desserts auf Seite 83) mischen und anrichten.
◆ Die Schokoladen-Campari-Sauce dazu servieren.

Schokoladen-Campari-Sauce mit Kirschen

Rezeptverzeichnis